出版人に聞く 2

盛岡さわや書店奮戦記

伊藤清彦
ITO Kiyohiko

論創社

盛岡さわや書店奮戦記　目次

第Ⅰ部

第Ⅱ部

盛岡さわや書店奮戦記

インタビュー・構成　小田光雄

第Ⅰ部

1　前口上

——まずは伊藤さんの紹介から始めさせて下さい。伊藤さんはカリスマ書店員のはしりとでも言うべきで、ポップ（ＰＯＰ）販売、ベストセラーの発掘や先取り、様々な仕掛けを施したフェアなどを展開し、盛岡のさわや書店に伊藤清彦ありと、一九九〇年代から出版業界で最もよく知られていた書店の店長だったと思います。

残念ながら伊藤さんは数年前にさわや書店を退職されましたが、在職中のお仕事は書店史に残すべきものだと確信し、ぜひ「出版人に聞く」シリーズに登場してほしいと思い、こうして一関市を訪ねてきたわけです。よろしくお願いします。

伊藤　遠路わざわざお訪ねいただき、有り難うございます。僕の場合、リブロの今泉さんと異なり、地方の書店の話ですので、参考になるのかどうか、また記録に残すに値するのか、わかりません。だから話をすることに迷いがあったのも事実ですが。

——そんなにご謙遜なさらずに。かえって地方の書店の話であることが貴重ですし、地方から見られた一九九〇年代以降の書店の動向、出版業界の姿が浮かび上がってくるのではないでしょうか。

最初にお聞きしたいのは本との出会いですね。現在とは異なり、私たち戦後生まれの世代にとって、本との出会いも均一ではなく、住んでいる場所や環境によって、ものすごくちがっていた。

伊藤さんの場合、本屋のない町で育ったと聞いていますが。

2 貸本漫画との出会い

伊藤 本当ですよ。今でこそ合併したから一関市ですけど、合併する前は東山町という小さな町でした。僕が小さい時には本屋はなかった。雑貨屋と文具屋を兼ねていた店が一軒あり、『小学一年生』などの学年誌、『ぼくら』や『少年』といった漫画雑誌がせいぜい置かれていたぐらいだった。
でも貸本はあった。
―― 駄菓子屋が扱っていたからですね。
伊藤 そう、駄菓子屋です。ところが当時の貸本漫画は小学生の自分にはエログロの印象が強かった。

――エログロといいますと、具体的には。

伊藤 描写が恐いんです。『ぼくら』や『少年』の漫画とちがって、すごく残酷な描写がいっぱいあった。

――白土三平の『忍者武芸帳』だって、描写が残酷だと非難され、当時の悪書とされた。

伊藤 でも『忍者武芸帳』なんかまだましで、もっとすごい描写のものがいくらでもあった。当時の貸本漫画は子供というよりも大人向けのものが多かった。それを五円で借りて、次々に読んでいった。これがコミック体験の始まりといっていいかもしれない。

――私は伊藤さんより三つほど年長ですが、同じような体験を経てきています。ただこれも地方によってちがうかもしれないけれど、駄菓子屋を含めた貸本屋の時代はとても短かったような気がする。

伊藤 確かに短かったです。わずか数年で終わってしまった。

――ということは伊藤さんたちが貸本漫画を、リアルタイムで最後に体験した世代になるのかしら。

伊藤 そうかもしれません。でもこの貸本漫画の読書体験は数年でしたけれど、強烈な漫画体験にあります。

ものがありました。上京して大学生になっても、コミックにこだわり続けていたのは貸本漫画体験にありました。

3　貸本屋のこと

――貸本屋や貸本漫画について、その時代を通過してきたにもかかわらず、ずっと記憶は曖昧で、以前には石子順造の『戦後マンガ史ノート』（紀伊國屋書店）や梶井純の『戦後の貸本文化』（東考社）といったものが主たる資料だった。

ところが近年になって、『貸本マンガ史研究』（シナプス）が刊行され、その貸本マンガ史研究会編・著として、ポプラ社から『貸本マンガRETURNS』も出た。また貸本漫画の復刻版も少しずつ出版されるようになってきている。

伊藤　僕も貸本漫画体験を経ているといっても、わずか数年のことで、読んだ漫画も限られている。そういう意味で、『貸本マンガRETURNS』の巻末に収録されている「貸本マンガ家リスト1000＋α」と「主要貸本マンガ出版社リスト」をあらためて見ると、こんなにも多くの貸本漫画家がいて、多種多様な貸本漫画が描かれていたことに驚いてしまいますよ。

できるものなら、あの時代にタイムスリップして、これらの貸本漫画を全部読みたいという誘惑に駆られます。

―― このリストを見て、そう思った人たちも多いと思いますよ。それはともかく、さらに貸本時代の最も重要な記録、もしくは資料である『全国貸本新聞』が不二出版から最近復刻された。

伊藤 それは知りませんでした。

―― ちょっと高いので、すぐに買えない。それこそこれも偶然なんですが、古本屋でつげ義春の若木書房の貸本漫画復刻版セットを見つけ、以前よりもかなり安くなっていたので、衝動買いしてしまい、しばらく高い本は我慢するしかないからです。

伊藤 若木書房といえば、少女漫画の長編シリーズ「ひまわりブック」があって、何百冊も出ていたことを覚えています。僕が書店に入った時にはまだこのシリーズが続いていたような気がしますが、いつのまにか若木書房もなくなってしまった。

―― それらのことも調べたいので、『全国貸本新聞』を図書館にリクエストしています。これを読めば、出版社の動きとか、貸本漫画の流通とかがわかるのではないかと考えています。

4　都会と地方の文化の落差

伊藤　その貸本漫画も含めてですが、本に関して、僕は本当に田舎にいましたから、明らかに都会に比べて十年遅れていた。それは自分だけのことではなく、当時の都会と地方における文化の伝播力の差というものが否応なくありました。

――私も地方出身なので、それはまったく同感です。当時の都会と地方の文化の落差はものすごく大きかった。

伊藤　それが普通だった。

――本に限っていっても、県庁所在地の大きな書店にいかないと、人文書などの本は見られない。

伊藤　まさにそうですね。

――今では全国が画一的な郊外消費社会の風景に覆われてしまい、そのような環境を想像できないけれども、都会と地方のギャップがあった。

伊藤　それは大きな違いで、東北の場合、県庁所在地とそうでないところの差がまた激しい。その県庁所在地ですら、東京との差はものすごいものがあった。本だけでなく、映画、演劇、音楽なども含めれば、文化格差はさらに広がると思いますね。

――だからこそ、文化というものがものすごく輝いて見えた。遠くに歴然と存在しているかのように見えるものに、最初に触れた時の強烈さというものが特有に生じる。それが私たち戦後世代の特色なんじゃないか。またそれが尾を引いて、現在まできている。

伊藤　それはありますね。

――また戦後社会の出発のスローガンが文化国家というもので、戦後が文化の時代として始まったことも作用しているかもしれません。

『「今泉棚」とリブロの時代』の資料として、今泉さんがリブロに入る前に勤めていたキディランド創業者の追悼集を読んだのですが、やはり文化の時代を背景に秩父で読書クラブという消費組合方式の書店を始める。それが発展して、キディランドへと至っている。

多かれ少なかれ、私たちの成長過程もそのような文化の時代を背景としているので、有形無形の影響を受けているのでしょう。

ただ伊藤さんの場合、学年誌、少年漫画誌、貸本漫画は体験したが、書店が町にないこともあって、本に触れる機会がなかった。

5　『カラマーゾフの兄弟』と北上書房

伊藤　全然なかったですね。それは高校に入るまで続きました。それで初めて小遣いという一関市の高校に通うようになって、それが汽車通学だった。それで初めて小遣いというものをもらうようになった。それまでは小遣いをもらっても、使う店もなかったので、もらったことがなかった。

それで高校に入って、小遣いをもらうようになり、通学に四十分ぐらいかかるので、書店で本を買い、読むようになった。その最初の本がドストエフスキーの『カラマーゾフの兄弟』だった。

――その書店は今でもあるんですか。

伊藤　あります、代替わりはしましたけど。今でも健在で、頑張っている書店です。北上書房といいます。

――人文書をよく売ってくれる書店ですね。

伊藤　当時としても九十坪ぐらいあって、地方では大きな書店だった。後に経営者は栗田会の会長も務めていました。

僕が今あるのは北上書房に出会ったことで、それが自分と本との始まりだという気がします。

――この北上書房に出会うことで、汽車通学と相まって、乱読するきっかけが始まった。

伊藤　そうです、それがなければ。何しろ汽車通学の片道四十分は結構ありますし、待ち時間を入れたら、一時間ほどになる。だから往復二時間近い。それが乱読の時間になってしまった。小遣いは全部本を買うことに使われた。

――学校図書館なども利用されたんでしょう。

伊藤　もちろんお金がそんなにあるわけじゃなかったので、利用するにはしました。かといって、学校図書館の蔵書がすばらしかったかというと、それはない。

――よくわかります。

伊藤　蔵書はひどいものでしたが、それでも活字を追う楽しさを知ってしまったので、それなりに利用し、貸出冊数で第二位になったこともありました。第一位になった奴は今になって思えば､活字中毒の典型だったんじゃないか、つまり僕を上回る読書フリークだったと考えられます。

―― 昔の図書館の本は貸出カードに名前が書かれていたので、その本を以前に誰が借りたのか、わかってしまう。これが結構面白かった。

伊藤 面白かったですね。あいつがこれを読んでいるんだったら、自分も読まなきゃいけないという競争心がめばえたし、実際にそういう競争もありましたね。

6 世界文学全集の時代

―― それに世界文学全集の時代で、各社から様々な全集が続々と刊行されていて、図書館には必ず入っていた。

伊藤 でも選ぶ内容が各社によって微妙にちがっていて、それが面白かった。

―― 伊藤さんはどこの世界文学全集が好みでしたか。

伊藤 僕は集英社のものを愛読したし、それが面白かった。

―― グリーンの小さなほうですか、安いほうの。

伊藤 そう、グリーンの安いほうです。

―― その他に海外文学の読書体験はどうだったんでしょう。

伊藤 生意気にも、長いものは若い時にしか読めないと思いこんでいた。年をとったら絶対に無理だと思っていたので、とにかく長ければ長いほどいいと決めつけていた時期があった。そういう思いこみから始めて、マルタン・デュ・ガールの『チボー家の人々』(白水社) からロマン・ロランの『ジャン・クリストフ』といった巻数のある長編小説ばかり読んでいた。

確かに今読めといわれても、絶対に読めません。集中力がなくて。

―― それはそうですよ、今『ジャン・クリストフ』を読めなんていわれても。

伊藤 あの時代の読書を再現することは難しいんですが、『ジャン・クリストフ』を読んでものすごく興奮してしまい、みすず書房から出ていた全集まで買ってしまった。

―― そうですか、それはすごいな。私の場合、『ジャン・クリストフ』は河出書房の世界文学全集に入っていたものを読んだ。確か全巻入っていた。

それはともかく、あの時代にみすず書房がロマン・ロランの全集を出すということが、まさに戦後の文化の時代を象徴していた。

伊藤　そういう時代でしたよね、今でこそ信じられない気がしますが。本当に『ロマン・ロラン全集』は夢中になって読みました。でももはや現在では『ジャン・クリストフ』を読む人すらいないでしょう。アメリカの現代文学の読者はいても。

——これも隔世の感があるけど、私たちと世界文学全集の時代というのはアメリカ文学ではなかった。

伊藤　アメリカではなかったですね、まずロシアで、それからヨーロッパ文学だった。世界文学全集の時代ではロシアとヨーロッパ文学がたくさん収録されていたので、僕たちはそれらを当たり前のように読んできた。

——これも地方の体験としていうと、岩波文庫の世話になっておらず、各社の世界文学全集で読んだというのが固有の体験としてある。それは前の話ではないけれど、県庁所在地の大きな書店にいかないと、岩波文庫が置かれていなかったからだともいえそうです。

伊藤　岩波書店の常備特約店が主として県庁所在地にしかなかったので、それは当然のことですよ。

——ただアメリカ文学の話に戻りますと、私は高校の時に、ロスト・ジェネレーションからカポーティやサリンジャーに至る『アメリカ文学選集』全十巻を読んでいます。それは荒地出版社から出ていて、アメリカ文学のまとまったものはそれしかなかった。みすず書房の『ロマン・ロラン全集』に匹敵する当時の企画でしょう。

この話を持ち出したのは荒地出版社の経営者の名前が同じ伊藤さんで、彼は『荒地』同人で、早川書房から独立し、荒地出版社を興している。同じ伊藤さんということ、世界文学全集時代のエピソードとして、ここで付け加えさせて下さい。

実はこの『アメリカ文学選集』は一九六〇年代後半に出たもので、五〇年代後半の『現代アメリカ文学全集』全二十巻の焼き直しなんです。それを調べてみると、アメリカ大使館の助成金出版だった。最初は講談社に話をしたが、講談社は『風と共に去りぬ』とかのベストセラーを入れてくれないと、うちでは出せないと断わった。

それで小出版社だが、『荒地』の詩人仲間がブレインにいて、アメリカ文学に通じている荒地出版社に持ちこまれた。

伊藤　そうですね、荒地出版社は鮎川信夫なんかがかかわっていましたから。

――　その仲介者やアメリカ大使館の努力もあって、破格の助成金が出された。どうも三百万円以上だったようです。

伊藤　すごいですね。五〇年代の三百万円といったら、今ならいくらになるのかな。確かに版権料と製作費を考えたら、小出版社に全二十巻の全集なんか出せるわけがない。面白いエピソードということになる。

7 汽車の中の『ロマン・ロラン全集』

――全集のついでにいいますが、その他にも面白い全集が出ていた。今泉さんは學藝書林の『全集・現代文学の発見』で、埴谷雄高の『死霊』を読んでいる。埴谷が活字中毒をあおったのは昭和初期の全集ラッシュの円本時代を経験したからだという意味のことを、どこかで述べていましたが、今泉さんから伊藤さんの世代までを含めて、文学全集の時代を生きていたことになり、それがバックグラウンドにある。

伊藤 それは間違いなく言える。

――『現代東欧文学全集』まで出されていた、恒文社から。

伊藤 あれも大体持っていますし、ほとんど読んでいます。

――やっぱりね。だから私たちは文学全集時代の隣人だったことになる。『ロマン・ロラン全集』も汽車の中で読んだわけですか。

伊藤　そうです、一冊ずつ買って全部汽車の中で読みました。確か『チボー家の人々』は三日ぐらいで読了したと思いましたが、『ロマン・ロラン全集』はとにかく時間がかかったことを覚えている。

8　上京と池袋西口の芳林堂

――そのような高校時代を経て、上京することになるわけですが、東京の書店を見て、びっくりしてしまったと聞いています。

伊藤　本当にカルチャーショックでしたね、池袋西口の芳林堂に出会った時に。読んでいない本がこんなにもあるのかという驚きで、脅威すらも感じてしまった。

――五階建てのビルで、上に喫茶店があった。

伊藤　あの店はすばらしかった。池袋には他に大きな店もあったと思うけど、品揃えの見事さ、棚のつくり方の見事さというのは驚き以外の何物でもなかった。

それまで見たこともない高級な図書館の開架式がそのまま実現されているようにも思った。

―― 当時の店長は現在の岩波ブックセンターの社長の柴田さん、その部下に江口、鍋谷さんという優秀な二人がいて、これも後にリブロに移る中村さんも、ここから書店の人生を始めている。

伊藤 この「出版人に聞く」シリーズに中村文孝さんのインタビューも収録されると聞いていますが。

―― 中村さんとは対談集ということで、すでに収録は終わっています。柴田信さんもインタビューに応じてくれるといいですね。柴田さんの話を聞ければ、当時の池袋の芳林堂の実像がさらに明確になるでしょう。

伊藤 それは楽しみです。期待しています。

繰り返しになりますが、七〇年代初頭の芳林堂というのは輝いていた。東京の書店は何てすごいんだろうというカルチャーショックの一言に尽きるほどの体験だった。

―― それは具体的に言うと何年でしたか。

伊藤 七二年です。

―― そうすると、それこそ論創社が『国家論研究』というリトルマガジンを創刊した年ですね。もちろん直販雑誌だったけど、池袋の芳林堂だけで五百部近く売れた。

伊藤　そうでしたか。

――伊藤さんのいう輝いていた時代とリンクしているんですが、芳林堂を始めとする二十店たらずの書店だけで、五千部を完売してしまった。

伊藤　それはすごい。

――論創社はそれで財をなしたのではもちろんないけど、出版は儲かると思い、本格的に出版社を興し、取次口座も開き、出版活動を行なっていくのですが、残念ながらこの時代が売れた時期で、それ以後は下り坂だったと常々いっています。

芳林堂の品揃えに驚かれたということですが、具体的に小説だけでなく、分野別にいうと、どんな感じだったんでしょうか。

伊藤　大学の専攻が社会福祉で、教育学のゼミに入っていたこともあり、資料を求めにいった時、一番探しやすかったし、これはというのは大体ありました。これも驚きでした。

――じゃあ、かゆいところまで品揃えが行き届いていたという印象になるのかしら。

伊藤　そうです、そう思ったのはあそこだけでした。紀伊國屋書店ははっきりいってつまらなかったけれど、芳林堂のすごさというのは今でも目に焼き付いている感じがある。

9　古本屋巡り

――それから色々と書店を回られるようになったと同時に、古本屋巡りもするようになった。

伊藤　最初古本屋は神田が中心で、早稲田にはほとんどいっていない。それから中央線に引っ越したので、高円寺の都丸書店を始めとして入り浸り状態になった。

――私も伊藤さんよりも数年前に東京に出てきて、上京するまでは名の知れた紀伊國屋書店や丸善にいこうと思っていたけれど、実際には電車賃もかかるし、出かけていく余裕もなかった。それに当時の東京は町を歩いていると、どこにも書店や古本屋があった。

伊藤　確かにありましたね。

――それも両方とも小さな店で、こんなところにもあるのかという体験があった。それをあらためて思い出したのは、今泉さんをインタビューするために長野へ行った時だった。少し早く着いたので、長野の駅前をぐるりと歩いてみた。そうしたら書店が見当たらないのです。

翌日も善光寺通りには古本屋がいくつもあるはずだと思って、歩いてみたんですが、ブックオフがあっただけでした。

伊藤さんや私が上京した時代には書店は二万三千店といわれていた。それにアウトサイダーも加え、古本屋も含めたら、全国に三万店ぐらいあったと思う。ところが現在では書店は一万五千店を割りこみ、古本屋もブックオフに駆逐され、東京はともかくとしても、地方は壊滅状態になってしまった。

伊藤　昔だったら駅前の平安堂を中心にして、いくつもの書店があり、それに添うように古本屋もありましたね。

――ところが今や平安堂があるだけでした。新幹線が止まる駅なのに、もうちょっとあってもいいんじゃないかと。でも消えてしまった。

伊藤　消えてしまいましたね。ひとつの例を挙げますと、駅の近くのビルにジュンク堂が入ったりすると、周辺の書店は消えていく運命をたどる。

――かつては都市の構成のひとつとして、長野の平安堂のように駅前に大きい書店が位置し、それを補うような書店がその周辺にあった。大型店と芳林堂のような関係というか、一般店と専門店の関係にも似た構図が描けたが、そうした構図自体が都市の駅前から消えてしまったのではないかという感慨を抱きました。

地方にいるとそれがわからず、東京に出て、大型店を目にし、同時に専門店をも見て、そのような構図を理解した。古本屋も同様だが、専門店は多様化していた。そのような環境の中で、私たちは本について学び、読んできたわけです。今泉さんは書店に入る前にどれだけ読んできたかというのがメルクマールだと話していました。

伊藤　結果的に書店に入ってしまったけど、当時としては入るつもりも何もなかった。ただそのような東京の書店と古本屋の構図の中で学びながら、出版業界へと近づいていったんだと思う。それもむさぼるように読み、当たり前のように神田をぶらつくことを通じて。

10　書泉グランデ体験

――書店で印象的だったのは芳林堂の他にどこですか。

伊藤　神田をぶらつきながらといいましたが、やはり書泉グランデですね。あそこは各階がジャンル別になっていて、ちょっとあれはユニークだった。

――私はあまり書泉グランデ体験がないのでわかりませんが、当時はどんな感じだったんですか。

伊藤　地下一階がコミックス売場だったんです。コミックスを集めている書店はほとんどなかったので、入り浸る要因のひとつでした。

それから鉄道だけのジャンルの階があった。鉄道関係だったら、見たことのない雑誌も含めて、何でも色んなものがあるわけです。何だ、これはという感じだった。一日中いても飽きないといっている客もいたらしいです。各階、各ジャンルにみんな特色があった。これもある、あれもあるというくらいに。

――直販物もかなり扱っていたんでしょうね。

伊藤　そうでしょう、普通の書店では置いていないものばかりありましたから。

――書泉グランデは誰が担当していたのかな。

伊藤　確かに書泉グランデの場合、誰が担当していたのかを聞きませんね。一階は当たり前の新刊と人文書だったので、僕はいつも素通りして、すぐに地下へ降りてしまった。それほど面白くて、魅力的な売場だった。

――でも伊藤さんは早くからの本当のコミック好きだったんですね。

私もコミックは好きですが、伊藤さんにはとても及ばない。読んではいましたが、書店で新刊コミックを買うことはなかった。雑誌も喫茶店や飲み屋で読んですませていた。あるいはそれなりのコミックは誰かが持っていたので、それを読んだりするだけだった。

でも当時のコミックがものすごく面白くなり始めていたことはわかっていました。雑誌連載で、リアルタイムで読んだのは山上たつひこの『喜劇新思想大系』でした。彼もまだ有名になっていなくて、酔っ払った友達が飲み屋から夜中に電話して、この連載の続きはどうなるのかと尋ねたりしたことがありました。

伊藤　彼は『光る風』(ちくま文庫)などを書いていて、まだ売れっ子になっていなかった。ブレイクしたのは『週刊少年チャンピオン』に連載した『がきデカ』(秋田書店)からです。

――その『喜劇新思想大系』は青林堂のシリーズに収録されるわけですが、伊藤さんは青林堂のコミックだけでなく、幅広くコミックを単行本で買い、揃えていたと聞いていますが。

伊藤　それは我ながら自慢してもいいことだと思っていますし、僕たちの仲間でもそこまで集めているのはいなかった。だからみんなが僕のところから借りていくんです。ところが戻ってこなくて、巻数物はどんどん歯抜けになってしまった。それが今でも揃って残っていれば、貴重な資料になっていたんでしょうけれども。
僕のゼミの先生がコミック研究者の石子順だったんです。『週刊少年マガジン』と『週刊少年サンデー』を創刊号から持っているということで、それは膨大な量でした。その影響もないとはいえません。

11 『ガロ』、『コム』、コミック

―― 石子順造ではなく、順のほうですね。『ガロ』の他に『コム』なんかも読んでいたんですか。

伊藤 『コム』は中学から読んでいました。友達が漫画を投稿するためにとっていたので、それを借りて読んでいた。『ガロ』では池上遼一の絵の美しさに引きつけられ、何てきれいな絵を描くんだと驚いてしまった。

―― それで東京へいったら、さらに多くのコミックを見られるのではないかという期待も高まりつつあった。

伊藤 そうです。だから上京後、バイトしたお金はコミックと本に注ぎこむ生活になっ

てしまった。

――貸本屋の時代が終わっていてよかったというか、悪かったというか。東京の場合、貸本屋は六〇年代半ばぐらいで終わっていましたから。

伊藤 まんだらけの人たちが車に乗って、東北の貸本屋巡りをして、掘り出し物を見つけ、それを商品として売ったと書いていましたが、僕の場合そういう執念はなかった。それ以上に新しい才能がコミックの世界に次々と出現してくることのほうに関心が高かったからです。

――とりわけ影響を受けたのはどのような作家たちですか。

伊藤 やはり花の二十四年組の萩尾望都、大島弓子、山岸凉子、竹宮惠子、樹村みのりですね。それからちょっと後になりますが岩館真理子、倉多江美なんかも好きでした。売れないで、急速に消えてしまったコミックの書き手たちもたくさんいて、それらはかなり持っていたんですけど、みんなが珍しがって借りていき、結局戻ってこなかった。

――岡崎京子はどうですか。彼女はすごいと思いますし、村上春樹の千倍以上の影響を与えていると見ているんですが。

伊藤 もろに影響を受けました。言葉だけだといいたいんですけど、コミックじゃないと表現できない世界があるわけです。

――西原理恵子はどうですか。『ぼくんち』なんかは傑作だと思っています。

伊藤 読みましたよ、読んではいるんですが、あの絵が駄目で、僕にはちょっと合わないかな。ただ好き嫌い抜きで集めていましたから、ほとんど目を通している。

――男性コミックのほうはどうなんですか。

伊藤 双葉社の『漫画アクション』系のコミックスはほとんど揃えました。一番好きなのはバロン吉元です。

――いいですねえ、バロン吉元は。私たちの世代にはとても人気がある。友人の古本屋がバロン吉元を全部集め、リバリューを仕掛けようとしたらしいんですが、どうもうまくいかなかったと聞いています。

伊藤 そうですね、一時はバロン吉元をめぐってまた盛り上がりつつあったようですが、どうしてなのか、急激にしぼんでしまった。でもバロン吉元の世界はすごいと思います。

――『柔侠伝』なんか愛読しましたものね。

伊藤 あれだけで五十何巻ありますよ。コミックでも最大の長編連作に属する。それこそ現代アジアへ紹介されれば、きっと人気を得るんじゃないかしら。

――そうやって収集された七〇年代前半の大量のコミックはどうなされたんですか。

伊藤　みんなが借りていって、なくなったのが大部分ですが、あとは引越しの時に箱詰めし、そのまま三十年以上箱に入ったままですね。出していないので、何を買ったのかも忘れてしまいました。

――それは残念です。このようなインタビューの機会だから、ぜひ一度虫干しして、箱の中身を教えて下さい。みんなが持っていかなかったコミックスが何なのか、これも興味深いと思われますから。

ところで、芳林堂、書泉グランデを語ってもらいましたが、他にはどうですか。

12　南阿佐ヶ谷の書原

伊藤　もう一店といえば、書原ですね。特に南阿佐ヶ谷の書原です。

――あそこも芳林堂や書泉グランデと同様に地下がありましたよね。

伊藤　ありました、地下一階でした。

――伊藤さんがお好きな書店の三つがいずれも地下があったというのは偶然ではない

でしょうね。地下と本がミスティックな結びつきを演出し、独特のオーラを秘めていたと思います。そういえば、リブロ池袋も九〇年代には地下に降りましたから、アンダーグラウンド書店は魅力と誘惑に充ちたトポスだった。

伊藤　その典型が書原だと思います。地下に降りていくと、一番目立つ棚のところにブレヒトとか、アンドレ・ブルトンの全集なんかがずらりと並んでいる。そこから熱気のようなものが伝わってくる。これは一体何なんだという驚きがあるわけです。普通の書店にあるものはまったくない。

――本における異郷のユートピアに出会ったような感じなのかな。

伊藤　そうかもしれない。それに狭い、ものすごく狭いわけです。そして棚が混沌としていて、それを見ていると、知り合いと出会ったりもする。

――地下での出会いというわけですね。でもそういう場所が面白い時代が確実にあった。そして棚づくりをする書店員と読者の暗黙のつながりができ、その書店が特異な輝きを持つ時代というものも。これはすべてが把握できないけれど、七〇年代には全国各地にそのような書店を展開しようとする多くの試みがあった。

伊藤　阿佐ヶ谷に住んでいる人たちは演劇関係が多かったから、それが棚に反映されていたんです。だから書原自体の地域とつながる文化運動的要素もあったでしょう。

ただ後で知ったのですが、書原は山下書店から分かれたんです。だから山下一家が、一方では一般書店の山下書店、他方では専門店の書原を、七〇年代に展開していたことになる。

――それは知りませんでした。かつての書店のＤＮＡも金太郎飴的均一ではなく、多様性を有していたことの証明になりますね。

伊藤　その他にも都内の書店巡りを随分しました。小さな書店があれば、かならず入って棚を見る。当時は小さな書店といっても、現在のようなコンビニ的構成ではないから、コミックなども含めて、必ずそこで見つかるものがある。だからお金が許す限り、見つけたものは全部買った。本当に数多くの小書店に入りましたよ。

そのような生活をしているものだから、大学も中退することになってしまった。ここまで本と書店にのめりこんでしまうと、当然といえば当然なんですが。

13　モラトリアム生活

――それでモラトリアムの状態に入るわけですが、その周辺事情はどうだったんでしょうか。

伊藤　自分は何をやるべきなのかという理由があったわけではまったくない。突きつめて考えたこともありません。ただ定職につかないで、とにかくアルバイトで得た金を全部出版物に注ぎこむ。少し余裕ができると、一ヵ月間は働かなくてもすむということになる。そこで神田に出かけて本を買い、雨戸を閉め切って、昼夜関係なく本を読み続ける。そういうことばかりを続けてきたんだけれども、そろそろまともな職業につかないとまずいなという年齢になってきた。すでに二十代後半に入っていたし、遅いかなとも思っていました。

――それでは伊藤さんの上京以来の生活は本当に本に明け暮れた七、八年だということになりますね。

伊藤　それはいえるかもしれない。電化製品は一切持っていなかった。だからテレビもないので、まったく見ていない。音楽も聞いていない。

ただ最初に話した東京と地方の文化的落差はよくわかっていたので、東京にいることのメリット、つまりライブが見られることは享受しようと思った。だから俳優座などの演劇、映画、スポーツはできるだけ見にいっていた。僕は高校でラグビーをやっていたし、秩父宮ラグビー場はすぐにいける場所だったから。

——モラトリアム生活どころか、考えようによってはとても充実した生活を送っていたんじゃないですか。定職についていないということだけを除けば。

伊藤　ただそうはいっても、年齢的にいって、定職についていないのがプレッシャーになってきた。さすがにこのような生活も終わりだなと思い始めた。じゃあ、自分は何ができるんだろうと考えると、書店しかない。

第Ⅱ部

14　山下書店に入る

――それで八二年に山下書店にアルバイトとして入るわけですね。そのきっかけは新聞広告か何かですか。

伊藤　いや、それは友達が教えてくれた。おまえは本しか持っていないし、それだけ本を読んでいるんだから、勤めてみたらどうだ。山下書店で募集していると教えてくれた。

――それで書店に入った。ところで当時の時給はいくらぐらいだったんですか。

伊藤　めちゃくちゃ安かった。まともに食えなかったような記憶がある。時給三百円いかなくて、二百八十円ぐらいだったんじゃないかな。

――ちなみに当時の生活費はどのぐらいでしたか。

伊藤　上京して大学に入り、住み込みのバイトをしていました。あの例の雪印乳業のところでしたけど、給料が四万二千円かな。でも部屋代はただだという状況でした。アルバイト時代は十万円ほどで、アパートの管理人などをやったりしていたこともあり、トータルで十五、六万円になった。

―― それだけあったから、つい本も買ってしまった。

伊藤 まあ、他には使いませんから、確かにそうですね。それにアパートもすごく安いところだった。

―― ところがその収入も書店に入ったらバイト時代に及ばないほどになってしまったことになる。それで昼間のパートから始めたわけですが、最初はどんな仕事をやったんですか。

伊藤 掃除と返品です。

当時の返品は全部手書きですからかなり大変な作業だった。しかも赤カーボンの三枚複写でしたから。でも返品作業はとても勉強になった。全部手書きで、雑誌と書籍のタイトルを記しているわけだから、これはどこの出版社が出しているのか、どういう出版社があって、このような傾向の出版物を出し、なぜこの店ではそれが返品になるのか、そういうことまで全部考えさせられた。

これが書店に入って、まず一番目の勉強でした。

15 返品作業から学ぶ

――筑摩書房の営業部長だった故田中達治が裏方の倉庫の仕事から始めたので、営業部とは異なる意味での本の動きがわかると言っていましたが、書店の返品作業もそれと似ていますね。

伊藤 まさにそうです。その前から本のことはある程度詳しいと自負していました。入った時点でもそう思っていた。ただ本の流通の仕組みについては全然わかっていなかった。僕の入った山下書店は、当時は新宿の駅ビルのマイシティの五階で、五十坪の店だった。三千万円ちょっとの月商で、当時としては悪いほうではなかった。

そのような店において、なぜこれが入荷し、返品されるのか、自分が興味を持っている分野の本がなぜ返品されてしまうのかにまず興味を覚えました。

――担当者と商品構成のミスマッチが返品に反映されていたということですか。

伊藤 確かにミスマッチはあったと思います。だから返品が本当に多かった。

――当然のことながら、店の客層というものはあったと思うんですが。

伊藤　もちろんありました。しかし店長がつかんでいると思っている客層と私が考えている客層との間にはギャップがあった。ですから店長の仕入れと返品の判断を素直に受け止められず、そのような商品選別のことを返品しながら、いつも考えていました。

――入荷の仕分けとかではなく、返品をひたすらやっていた。

伊藤　ひたすら返品を二年間続けました。

――その間に膨大な量を返品したことになりますね。

伊藤　しかも全部手書きですから、大変な作業だった。今ならコンピュータで、あっという間ですけど。

――その前のバーコード返品というのはいつごろから始まったのですか。

伊藤　九〇年代半ばに入ってからですね。それまではずっと一冊ずつの手書きだった。でもどちらにしても返品はなるべく少ないほうがいい。すごく時間をとられるし、必死にやらないと取次の請求額に影響しますから。

――それは出版社も同様です。返品は少ないほうがいいに決まっている。

伊藤　この店では僕は返品に回された本を結構買いました。僕はアジア物が好きなので、勁草書房発売の井村文化事業社刊の「東南アジアブックス」とか、めこんの「アジアの現代文学」シリーズがいつも即返品となっているのを見て、それを全部買っていた。

――井村文化事業社の本で、カムマーン・コンカイの『田舎の教師』というのがありましたね。

伊藤　確かタイの小説でしたね。

――あの映画がとてもよかった。たまたまNHKの東南アジア映画特集で観たんです。タイの東北の農村にいる教師が密伐を繰り返す悪徳森林王と闘う映画でした。小説とはかなり異なっていましたが、映画になるとそれなりに見せてくれて、あらためて井村文化事業社はいい本を出していると思いました。

伊藤　ただ翻訳についてはよくわからないけど、日本語がこなれていないので、読みにくかった。それはめこんの場合も同じ印象があります。

――それは仕方がないですね。文学に通じている訳者ばかりではないですから。でも翻訳が出ているだけでも歓迎すべきでしょうね。大手出版社が出すはずもありませんから。

伊藤　それからロシア東欧文学の群像社の本もよく買いました。これも即返品の対象でしたから。

―― こんなことを言うと伊藤さんに怒られてしまうかもしれないが、井村文化事業社、めこん、群像社の本を即返品にした店長の判断はある意味で正しいともいえるのではないか。これらの本は「出版」ではあるが、「出版業」に属していない。ボランティア的精神と助成金とに支えられていますから、少部数で読者は限られているし、すぐには売れない。だから即返品の対象になってしまう。

伊藤 それもよくわかりますが、僕はそういう本が面白いと思っていたから。

―― それは私も同じで、わけがわからなくて出ている本が面白い。想像が及ばない本、何でこんな本を出しているんだろうと思う本が七〇年代から八〇年代まではかなりあった。それからめこんのことが出ましたが、二〇〇八年に刊行された藤原貞朗の『オリエンタリストの憂鬱』はとても教えられることの多い本でした。とても感銘を受けたので、ここで付け加えておきます。これも即返品の対象になっていたかもしれないので。

伊藤 でもこれらの本は以前よりもっと書店からはじかれているような気がする。一方ではこれほどカリスマ書店員が多い時代もなかったと思われますが、さっきの「出版」と「出版業」のちがい、つまり小出版社と大手出版社のバランスの組み合わせを考えている書店員は少ないんじゃないでしょうか。

――私たちは時代の環境もあって、ずっと話してきたように、大手出版社の世界文学全集だけでなく、小出版社の個人全集やマイナーな全集もパラレルに読んできた。だから小出版社への目配りも忘れなかったけれど、そのようなバランスは複合店が主流になっていった九〇年代以後の書店状況では成立するのが無理になってしまった。伊藤さんも書店に入って、小出版社と大手出版社のバランス状況を体験されたはずですし、その体験を話してくれませんか。

16 エンタテインメント体験とその時代

伊藤 当時の店長はエンタテインメントしか読んでいない人だった。ところが逆に僕はエンタテインメントはほとんど読んだことがない。

しかし店のコンセプトは専門書を売ることではなく、エンタテインメントを売ることで成立していましたから、プロの書店員をめざすかぎりはエンタテインメントも含めて知らない分野もわからなければならない。それがスタートでしたし、スタートからずっと続くことになりますけれども。

雑誌があって文庫があってコミックがあってという普通の書店でしたから、そこで生き抜くにはエンタテインメントも幅広く知らなければならないということで、店長に何か面白いものはありませんかと尋ねた。すると彼が教えてくれたのがルシアン・ネイハムの『シャドー81』（新潮文庫）だった。初めてそういうものを読んだ。これは面白いと思い、それからこの分野のものを読むようになった。

――『シャドー81』は七七年に新潮文庫から出て、新潮社などの海外翻訳ミステリーが活発になり始める。それが話題になり、よく売れた最初の作品といっていいかもしれない。

伊藤　まさにそうです。海外ミステリーブームの始まりを告げた。

――そして『本の雑誌』の目黒考二＝北上次郎がそれをフォローし、プロパガンダに務めた。それと同じ北上も含んだ『本の雑誌』のメンバーや執筆者たちが椎名誠の『さらば国分寺書店のオババ』を皮切りに、情報センター出版局の「センチュリー・プレス」で、次々とデビューしていく。

伊藤　北上は『戒厳令下のチンチロリン』で、藤代三郎というペンネームも使っていました。

――それらの動向と相まって、ＪＩＣＣ出版局から八八年に『このミステリーがすごい！』が創刊される。だから伊藤さんの書店時代は海外ミステリーブーム、『本の雑誌』によるその後押し、情報センター出版局の出現、『このミステリーがすごい！』の創刊がぴったり重なってくる。

伊藤　はい、見事に重なっています。

それから日本の冒険小説ブーム、新潮社の「新潮ミステリー倶楽部」、講談社の「推理特別書下し」、早川書房の「ハヤカワ・ミステリワールド」シリーズもほぼ同時進行していた。その流れに乗じて、飯田橋のミステリー専門書店の深夜プラス１も立ち上がっていました。

――このようにあらためて出版史を回想してみると、海外ミステリーと冒険小説のトレンドが八〇年代から九〇年代にかけて形成され、現在ではそれが終わってしまったと実感できる。それこそ深夜プラス１が先頃閉店したばかりだから、「さらば国分寺書店」ではなく「さらば深夜プラス１」という本を誰かが書く必要があるかもしれない。

伊藤　それは面白いですね。「海外ミステリーと冒険小説の時代」は確かにあり、日本のエンタテインメントの質を高めたことは紛れもない事実ですから。

――　村上春樹もこのようなトレンドの中から出現してきたと考えられるし、『羊をめぐる冒険』（講談社）や『世界の終りとハードボイルド・ワンダーランド』（新潮社）などはそれらのトレンドの近傍に位置づけられるように思う。初期の村上のベースは完全にレイモンド・チャンドラーですし。

伊藤さんだって、それまで日本のエンタテインメントは読んだことがなくても、早川のポケットミステリとか、創元推理文庫は読んでいましたよね。

伊藤　そうですね。早川は読んでいましたし、海外ミステリーの場合、高校の時に創元推理文庫で、ヴァン・ダインとかエラリー・クイーンとかアガサ・クリスティとか、ある程度有名な代表作だけは読んでいた。

――　早川の高級でおしゃれな感じがあったポケミスに比べて、意外と創元推理文庫は語られていないのですが、文庫ということで値段が安かったこともあり、私たちの世代にはこちらのほうがよく読まれていたと思う。

伊藤　僕もほとんどの有名な作品は創元推理文庫のお世話になっていた。

17　文庫担当となる

――やっぱりそうですよね。さてこの話題はここに終えることにして、店の仕事に戻りますと、二年間の手書き返品作業の後、文庫担当者となるわけですね。

伊藤　そうです、でも返品からスタートしたということは非常に大きいと思います。書店におけるお金の意識を植えつけられたのは返品に他なりませんから。

――これも変な話だけど、書店の場合、売ることと同様に返品も大事というのが原則で、日によっては売上よりも返品金額が多いということも実際に起きたりする。

伊藤　雑誌の場合は毎日トコロテン方式で入ってくるから、古い号の返品だけでなく、増刊号やムック類についての返品調整が不可欠です。

でもそればかりでなく、発売の旬の頃にどれだけ短期間に売るとか、売れ残った雑誌の外し方、場所の移動と雑誌の交換など、これらも返品作業から学んだような気がします。それらの経験は町田店へいってから生かされますが。

――それは後でうかがいますが、まず文庫の話を聞かせて下さい。

伊藤　店長から文庫をやってみないかといわれ、文庫担当者になった。八〇年代の始めには今とちがって、手書きのポップはほとんどなかった。そこで店長に「こういうキャッチフレーズを書きたい」と相談した。彼もお手並拝見と思ったのか、すぐにＯＫが出た。

新刊を売ろうと思ったんじゃないんです。コンセプトはあくまで既刊で、それが売れに売れたんです。

――それはどんな文庫だったんですか。

伊藤　一番売ったのは集英社文庫のジェイムズ・ヘリオットの『Dr.ヘリオットのおかしな体験』です。日本人の著者でいえば、志水辰夫や船戸与一です。

志水の初期三部作『飢えて狼』『裂けて海峡』『背いて故郷』（いずれも講談社文庫）、船戸の『非合法員』（当時は徳間文庫）などは二人がちょうど出てきた頃なんだけれども、まだ一般的には認知されていない時期だった。そういう時にガンガン売った。

それから扶桑社が海外ミステリーを出してきて、ジェイムズ・エルロイなども登場した。それらもガンガン売って、文庫の売上ベストテンが全部海外ミステリーになってしまったこともあって、変わった店だと言われるようになった。

──それも全部ポップを書いたんですか。

伊藤　もちろん書きました。

──それでどのくらい売ったんですか。百冊単位ですか。

伊藤　百冊単位は当たり前で、いくらでもありましたし、四ケタまでいったのもかなりあります。

──それはすごい。四ケタ売れる海外ミステリー作家といったら、かなり限定されるでしょうから。

18　一万冊売った『Dr.ヘリオットのおかしな体験』

伊藤　いや、最初からは無理ですけど、ポップ効果がきいて、客層がつかめるようになってきましたから。

ヘリオットは五ケタまでいきました。

──五ケタといったら、一万冊を超えたということですか。とんでもない数ですね。だって、五十坪の店で月商三千万円ということから判断すれば、信じられない冊数と売上高だ。

ちなみに『便利な文庫の総目録』の一九八五年版で、『Dr.ヘリオットのおかしな体験』の定価を確かめてみますと、四百八十円です。だから一万冊だと四百八十万円売ったことになり、月商の六分の一近くを文庫一冊で稼いだことになるわけですね。

伊藤　確かにそうですが、五年以上かかっています。

——　それでもとんでもない冊数と売上高ですよ。これはあくまで一般的な試算ですが、マイシティ店のような店の場合、月商三千万円とすれば、文庫売上高シェアは最大限見て、二十%の六百万円でしょう。

各社の文庫売上ランキングにしても、一カ月に二千冊売れれば、トップに位置すると思われます。それを集英社の一冊で、一万冊、四百八十万円を売ってしまったのですから、驚き以外の何物でもない。そのポップのコピーを知りたいと思います。

伊藤　それが正確には思い出せなくて。

——　ところでそのようなポップによる仕掛けを考えた時に、角川文庫によるメディアミックスのベストセラー商法はまだ続いていたんですか。

伊藤　まだ終わるどころか、その最中でした。でもそれらは自分がやらなくても売れるわけじゃないですか。ただ置いておけば。だから角川文庫は一番奥のところに置いて、聞かれたら、「あそこにあります」ということですませていた。

文庫の平台の前面にはまだ一般的に無名だけれど、これは面白いというものを揃え、ポップを書いて売ったわけです。すると、それからお客さんがどんどん増えていった。ものすごいほどの増え方だった。

――そうでしょうね。それでなければ、文庫一点で、四ケタ、五ケタの数が達成されるはずもありませんから。

19　文庫の品揃えとポップ

伊藤　それからハヤカワ文庫なども、小説やノンフィクションではなくSFとファンタジーを意識して揃えた。あとはサンリオです。訳はよくなかったけど、これでしか読めない作品がいっぱいあったんです。そういうところを充実させていった。
それに岩波文庫が新しいカバーをかけ始めていた頃だったので、それも大いに利用した。だから僕が文庫を担当するようになってから、最初の棚にくるのが岩波文庫で、次が講談社の学術文庫か中公文庫、それに海外物のハヤカワ文庫などをつなぎ、一番奥が角川文庫か集英社文庫という流れになり、これが僕の文庫販売戦略の基本になった。岩波文庫も新しいカバーがついてから、売りやすくなったし、実際に売れました。

――確かにそれ以前はパラフィンがかかっているだけで、平積みや面陳列しても差異化が難しかったけれど、カバーによって明るくなり、目立つようになりましたからね。岩波文庫もポップを立てたんですか。

伊藤　岩波文庫に関しては僕よりもお客さんのほうが知識があるので、きちんと置いておくことだけを気にかけました。それと岩波文庫、学術文庫などとハヤカワ文庫などの海外物の組み合わせ方、つまり硬軟のバランスについて、いつも考えていました。

そのために海外物は真っ先に読んで、売れそうな文庫はいち早く押さえる。当時この分野は発売と同時にベストセラーになるものは少なかったから、一カ月すれば、返品となって戻ってしまう。その中から目をつけた文庫を全部もらうわけです。取次からもそうしてもらう。そしてポップを書き、売っていく。

――それに文庫の時代でもありましたからね。色んな文庫が出て、九〇年代に廃刊になってしまったところもかなりある。先程のサンリオもそうですし、最大の廃刊といったら旺文社文庫ですね。このラインナップが端倪すべからざるものがあり、続いていたらと思うと、残念でなりませんよ。

伊藤　確かに内田百閒などは最も多く収録されていて、三十冊近い全巻を買った人も覚えています。

今いわれた端倪すべからざるラインナップですが、朝日ソノラマのジュブナイルミステリー、ＳＦも意外と穴で、よく売りました。

――ありとあらゆる文庫が出ましたが、近代映画社の近映文庫が面白かった。高校生の頃に『話の特集』を読んでいて、書いた人は誰だか忘れてしまいましたけど、洋画でどの女優が脱いだかを詳細にレポートしている一文があった。六〇年代末で、東京と地方の文化落差ではないけれど、よく観て、よく記憶している人がいるものだと感心したことがあった。東京に住んでいないと、こういう文章は書けないとも思いました。

この一文に触発されたのかなと思った文庫が近映文庫から出て、思わず買ってしまった。それは今でも持っていますが、『脱いだスター女優284人』の「ヨーロッパ編」と「アメリカ編」の二冊です。

伊藤　それは八〇年代半ばに出た文庫で、確か一挙に十何点か出た時の二冊だったんじゃないですか。

同じ頃、ヘラルド映画文庫というのも創刊され、『本の雑誌』の北上次郎がすぐに絶版になってしまうから、今のうちに買っておくべきだと書いていたのを覚えています。さすがにそれはポップを書いて売った店はないと思いますし、今では入手の難しい文庫本かもしれませんね。

――話は戻りますが、そのポップというアイデアはどこから持ってきたんですか。

伊藤　これもよく覚えていませんが、他の書店を見て始めたわけではなかった。

――私は美術実用書のマール社の人たちと親しくしていましたが、あそこでポップの書き方とか戦略の本が出ていました。

伊藤　ありましたね。ただあれはスーパーマーケットとかのプライスの書き方で、ほとんど僕は独自に始めたんじゃないかと思います。出発点においてはオリジナルだったと考えて間違いないでしょう。

――確かにその当時、東京の書店でもポップを見ることはなかった。

伊藤　そのせいか、効果は抜群で、すごい売れ方だったんです。

ある時、講談社文庫の志水辰夫の『裂けて海峡』が入ってこなくなった。どうしたのかなど思っていた時、講談社の営業部長がきた。それで「入ってこないんですけど、どうしたんですか」と尋ねた。

そうしたら、品切、重版未定だと言う。そこで「嘘でしょう。うちでは毎週五十冊以上売れている」と説明し、データも見せた。

――先程いわれた志水初期三部作はずっと揃って、マイシティ店では売れ続けていたわけですね。

伊藤 この説明は効いたみたいで、返品も断裁されず、重版され、九十年代末まで十何年か生き延びることになった。その間は責任もあるので、一生懸命売りました。そこで初めて、大手出版社でも、お願いすれば、聞いてくれる可能性もあると認識した。

――その頃から、筑摩書房の田中達治などの尽力もあって、講談社なんかも書店の現場に目を向けるようになった。大手出版社の営業目線が確実に変わった。

それまで大手出版社の営業は取次にいって配本調整するだけで、実質的な書店営業は何もしていなかった。

20　売上のデータ化

伊藤　僕もそう思っていたところに、その後すぐに講談社の営業が二人で飛びこんできた。本当にそんな感じなので、驚いてしまった。それまではただ売れればいいと漠然と売っていた。僕はそれをどうしてデータ化しないのか不思議に思っていた。だからデータとして残っているものを全部グラフ化してみた。グラフ化して、売れ行き傾向や各文庫の特長のすべてを分析し、まとめて山下書店の社長に見せた。この文庫はこうだから、これを減らして、こちらの文庫を増やしてとか、そういう提言をして実行したところ、一気に売れていったわけです。

――このような伊藤さんの文庫の売り方がなぜ斬新で画期的だったかを、若干説明しておく必要がありますので、私が補足しておきます。文庫は大手出版社が刊行していることも要因ですが、書籍としても部数が多いために、雑誌的なパターン配本をとらざるを得ない。この新刊文庫のパターン配本は大手書店とそれまでの販売実績、常備店といった基準で決められ、簡単に変えられない構造になっている。

棚差し用の旧刊には出版社が売れ行きに準じて、A、B、Cランクをつけ、棚数に見合って選択できるようになっていて、それに各シーズン毎の平台フェアがスケジュールとして組みこまれている。だから出版社と取次の上意下達的な売り方が一般的であり、これもまた金太郎飴と揶揄される一因だった。しかしこのような売り方は出版社と取次にとって、売上のスケジュール化が可能なので、歓迎すべきものだった。

ところが伊藤さんが試みたことは、自分が読者となって面白い文庫を見つけ、ポップを書いてそれを表現し、自らの客層をつかんで、売上を伸ばしていくという、書店現場におけるお仕着せでない手づくりの売り方だったわけです。自分独自の得意な手法を編み出し、それを店の特色としてやっていく。それは「今泉棚」もしかりです。

伊藤　ただ文庫だけですから、全部ではない。

――　でも文庫だけでこれだけのことをやるというのは特筆に価すると思います。四ケタ売った文庫の数もさることながら、五ケタに達したものがあるというのは何度聞いても驚きです。

伊藤　やっぱり自分でもトレンドと合っていたという思いも大いにあります。先述された『本の雑誌』、海外ミステリーと冒険小説のブーム、『このミステリーがすごい！』の創刊、情報センター出版局の出現などの八〇年代のそうした土壌と書店現場の売れ行きがシンクロしていたと実感しています。

―― マイシティという要因もありますか。

伊藤 マイシティは女性向けのファッションビルだった。ところが五階の山下書店のフロアは異質で、男が集まってきていた。

新宿周辺と中央沿線には色んな版元が集まっていたので、遅くまでやっていたこともありますが、編集者たちも八時以後によく寄ってくれた。それとポップが相乗し、他の書店と売れ筋がちがうという結果を招くことになった。

―― マイシティといえば、ルミネエストとなり、新宿駅東口の大ファッションビルというふうになっていますが、当時は男性もよく訪れていた。

伊藤 そういうことです。

21 中公文庫六千冊販売

―― マイシティと組んだ企画で、中公文庫を三週間で六千冊売ったという話もあったそうですが。

伊藤　それはビル自体の企画だったんです。九月の三週間、ビルでの買物客で、三千円以上買った人は一回抽選ができ、その賞品が文庫だった。そういう企画を駅ビル側が立案し、賞品の選択展開と販売を山下書店が引き受けた。三〇坪くらいのスペースをとり、全部平積みでやるわけですよ。僕に担当せよと命令が下った。

大体の割り振りを決め、岩波文庫と講談社学術文庫をまず置き、それに中公文庫三百点、新潮文庫五百点プラス角川文庫三百点というふうに計算していった。当たった人の賞品となるだけでなく、買ってもいいということだったので、売るにはどうしたらいいかという発想で、平積み戦略を考えた。

当時の中公文庫は全部カバー表紙が橙色だった。でも表紙絵は実に洗練されていて、いい表紙が多かった。たぶんこれは面陳列で見たことがないなというのは重点的に選んだ。その際に中央公論社の営業とものすごい喧嘩をしましたね。

僕の選書が「うちの売れ筋じゃない」というんですよ。それで僕は言った。「渡辺淳一とかは角川文庫にまかせておけばいいじゃないか。せっかくこれまでにない大フェアをやろうとしているんだから、中公文庫ならではのものを売らなきゃいけないんだ」と。それで三百点を選んで出荷させ、フロア改造して売った。そうしたら三週間で六千冊売れた。

――面陳平積みは何点ぐらいしたんですか。

伊藤 三百点です。

――それは目立ちますよ。

伊藤 一日三百冊ほど売れましたから、大評判になった。喧嘩した中央公論社の営業が飛んできて、「分析させて下さい」というしかなかった。そこから中公文庫の様々なフェア、食のフェア、山のフェアと次々に企画し、コーナーを設けて売った。

――渡辺淳一の代わりに、中公文庫ならではのシックな世界を面陳で示す、そんな感じもしますね。

伊藤 あの独特の表紙とシックさが好きだったので、大々的に面陳し、展開してみたかった。

――それに比べて、大手出版社の営業部の相変わらずの旧態依然とトンチンカンにはあきれるばかりだ。書店の現場がそれだけ洗練され進化していることに気づかない。

伊藤　本当にそうですよ。ものすごい喧嘩をしましたから、中央公論社の当時の営業とは。

――喧嘩の主な原因というのは。

伊藤　さっきも少し言いましたが、やはり選書のちがいで、僕の示す三百点と向こうの打ち出す三百点がほとんど合わない。向こうは渡辺淳一、西村京太郎、赤川次郎をなぜ入れないんだと、それしかいわない。僕は選書に自信があったから、それはちがうと主張する。だから対立はするし、喧嘩になってしまう。

――でもそれは別の見方をすると、中央公論社内の末期における編集と営業の対立を物語っているかもしれない。中公文庫の初期のセレクションというのはよくぞ出してくれたというものが多い。悪くいえば、こんな売れないものばかりよく選んだといってもいい。

伊藤　本当にそうです、あの選び方はちょっと信じられない。

――これらの企画は文庫奥付の発行者になっている高梨茂が進めたもので、彼は専務の位置にあり、また『三田村鳶魚全集』などの企画者でもあった。

これは『中央公論』の元編集長の粕谷一希が語っていたことですが、高梨は野田醸造を経営する高梨一族の一人で、中央公論社の資金源の問題もあってか、高梨の企画は社長もアンタッチャブルで、独断専行が許されていたといいます。

伊藤 それは知りませんでした。だからこそある意味ではセレクションにおいて、古書もよく知っていて学術文庫の先を行くというか。

――とりわけ古書における読み物の分野に通じていた人だったと思う。その範となったのは平凡社の東洋文庫でしょうね。これも古書の復刻が基本になっている。東洋文庫も平凡社の殿様出版だといわれたけど、中央公論社の高梨が企画した文庫も殿様商売に入るかもしれない。

伊藤 でも中公文庫のそれらはとても有難い企画で、それらがなければ、三週間で六千冊売ることはできなかった。同じ復刊でも学術文庫は古書というよりも新刊の復刻ですから。

22　旺文社文庫とサンリオ文庫

――文庫の話のついでですから、廃刊になった旺文社文庫やサンリオ文庫のことももう少し付け加えてくれませんか。

伊藤　確かに八〇年代の後半だったけれども、旺文社文庫の場合はひどかった。いきなり「廃刊し、断裁しますから、全部返品して下さい」ですから。その他に何の説明もなかった。前にもいいましたが、旺文社文庫はファンの読者もいて、出版点数も増え、バラエティにも富んできましたので、これからどうなるのかが楽しみな文庫だった。もちろんまだ売れ行きは今ひとつでしたが、そのカラーは独特なものがあった。

――私たちが中学生だった頃に創刊されているから、それなりに歴史もあるし、ひとつの文庫文化の消滅のような気がした。一気に大量返品、大量断裁が行なわれたせいなのか、古本屋で見ることは少ないし、ブックオフでも同様です。

伊藤　井狩春男の『文庫中毒』（ブロンズ新社）の中に、「絶版文庫目録」という章があり、その中に旺文社文庫も入っていて、全目録が掲載されています。そこに「とっておきたい文庫を数多く出してくれた。感謝したい」という注が寄せられていた。それを見るたびになくなってしまったのは残念だと思う。

――その廃刊について、ひとつ思い出したことがあります。伊藤さんは正木ひろしの『近きより』を覚えているかしら。

伊藤　あの厚い五巻本ですよね。何かの賞をとったように記憶しているし、その帯にそれが刷りこまれていたような気がする。

――『近きより』は毎日出版文化賞特別賞を受賞するわけですが、これが旺文社の社長の逆鱗にふれた。正木は戦時下に個人誌『近きより』を出して反戦の立場、いわば非国民の立場にあったわけだが、戦時中、旺文社は完全に軍部体制べったりで、戦後は戦犯として扱われ、立場が逆転してしまった。その正木の本が旺文社文庫に収録され、賞が与えられることは社長にとって、怒り心頭に発することだったようだ。

伊藤　それは知りませんでした。

――文庫編集者が組合員ということもあって、左傾化していくことも恐れたのかもしれませんね。

伊藤　確かサンリオも組合問題がありましたね。

――サンリオも組合問題が絡み、それもあって会社側は厭気がさして、サンリオ文庫を廃刊にしてしまった。

伊藤　でもサンリオ文庫の場合、救いがありましたよ。点数が少ないこともあって、僕たちは廃刊になっても売り続けていましたし。だから旺文社文庫のように一斉に返品し、断裁処分には至らなかった。リブロの場合、残りを全部買い占め、売り続けたといいますから。

――それは聞いています。取次の返品とか、サンリオの倉庫の在庫とかを買い占めに走ったと。

このような文庫事情のかたわらで、伊藤さんの文庫販売戦略は功を奏し、売上も驚くほど上昇していくのですが、その変化とともにマイシティ店をめぐる環境はどのように推移していったのですか。

23　客層をつかむ

伊藤　最初は客層も漠然としていましたが、この頃になると、はっきりお客さんの顔が見えてきた。完全といったほどに。

例えば、お客さんが何か面白いものがないかと聞いてきます。するとその人の好きな傾向のものが大体頭に入っているので、その手のものをこれはどうですかと勧める。それを必ず買ってくれるようになりました。

それから文庫の目ぼしい新刊を読む。これはあの人だったら絶対買うだろうというのが見えてくる。そういう固定客が百人いれば、ポップを立てて販促すれば、千冊までは持っていけるという予測も成り立つようになった。

それにポップはコストもかからないので、すぐに手軽にできた。あとは部数の確保です。

―― 出版社の営業も増えてきたでしょうね。

伊藤 本当にくるようになりましたね。それにつれて、新刊の数は自由に希望通り取れるようになった。早川書房の文庫に至っては初回から三ケタ、追加トータルで千部から千五百部の注文が満数で入ってきた。

―― 八九年の『このミステリーがすごい!』の海外編第一位に選ばれたトマス・ハリスの『羊たちの沈黙』(新潮文庫)が、深夜プラス1で毎月何百冊も売れた話は聞いています。それもすごいけど、新刊で千五百部というのは前例がないんじゃないですか。

伊藤　当時他の店のことはまったく知らなかったし、比較もしていない。ただ千五百冊は売れるという自信があり、ついてもいた。

深夜プラス1のことで思い出しましたが、マイシティの中にワシントン靴店があって、そこの社長がミステリーの大ファンかつ日本冒険小説協会の会員で、よく買いにきてくれ、色々と教えてくれた。

――それは知りませんでした。知られざるエピソードでこのインタビューに花を添えてくれますね。

ところで文庫の初版を三万部とすると、伊藤さんだけで、その五%を売っていたことになる。

伊藤　実際にこれはというものは紀伊國屋書店よりも多く入荷しました。山下書店の担当の早川書店の営業の人は出世してトップになりました。今はもう辞めてしまいましたが。彼は新刊案内を持ってきますが、何の説明もしない。出すだけです。彼は自分のところの本を一切読まない人で、時代小説が好きなんです。だから来そうな頃に買いそうな時代小説を用意しておくと、みんな買っていく。その間に考えた仕入れ部数をいうと、わかったといって帰っていく。それで全点満数注文通りに入れてくれていた。

そこまでの信頼関係を色々な出版社と築くに至りました。今から考えますと、当時としては珍しかったと思います。でも当時はそれが当たり前だと思っていた。実際に売るんですから。それから取次は日販ですが、その支援も大きかった。

――おそらく伊藤さんのところが文庫のアンテナ店になっていたんでしょうね。それが大書店とは限らないわけで。

これは新潮社から聞いたことだけど、ガルシア・マルケスの『百年の孤独』は一般的にはまったく売れていなかった。一時は絶版にするという声も挙がったが、高田馬場の芳林堂だけがコンスタントに十冊単位で売っていた。それだからもう少し様子を見ようといっていたら、次第に売れ始め、ノーベル賞までこぎつけた。あの時絶版にしていたら、ノーベル賞受賞時に品切だったことになり、芳林堂のおかげで恥をかかないですんだということです。

あとで聞くと、当時の芳林堂にラテンアメリカ文学に力を入れている担当者がいて、それで売れていたらしい。

それで思い出しましたが、伊藤さんの地元の仙台の八重洲書房も人文書のアンテナ店だった。こちらは九〇年代初めに閉店してしまいましたが。

伊藤　八重洲書房の谷口さんは人文書のプロでしたから、レベルが圧倒的だった。ただ昔は出版社のアンテナ店はあったにしても、書店間の情報の共有化はほとんどなされなかった。チェーン店でもそれほど活発ではなかったと思いますし、データ化もされていなかった。

だからマイシティ店のように飛び抜けて売れ、データ化、グラフ化もされていると、目立ったし、出版社も気にかけてくれるようになった。

――七〇年代の終わり頃だったと思うけど、地方小出版流通センターの川上さんや新文化の加賀見さんなんかの肝入りで、書店員の集まりである棚の会が結成され、勉強会がもたれたりしたけれども、そのような情報の共有化をめざしてはいなかった。書店員の横のつながりをまず形成しようという感じだったんじゃないかな。

伊藤　僕の場合、棚の会があることもまったく知らなかった。だからそういう場所に顔を出したこともないし、自分のところにきてくれる営業マンの話を通して、書店のことを含めた出版業界の情報を得ていただけですから。

24　町田店店長となる

――やはり書店の立ち位置というのがあって、山下書店はリブロや芳林堂とちがうから、逆に伊藤さんにとっては山下書店から始めたことがとてもプラスに働いたと思いますよ。

伊藤　僕もそう思います。それでなければ、町田店のような小さな店の店長を務めることはなかったですから。

――でも今考えれば、大手書店グループを除いて、都市の内側の書店はまだ小さく、それが普通だった。

伊藤　その店にいった時、月商一千万円前後の売上でしたから、二十坪の店としては悪くはなかった。

――坪当たりの売上からすれば、御の字ですよ。

伊藤　ただ悪くはないと思うんだけれども、駅ビルの中には久美堂があり、駅を出たところにはまた久美堂本店と有隣堂があった。

そのような書店状況の中で、連絡橋をわたって反対側の人の流れがそれほどでもないところに、山下書店の町田の二十坪の路面店があった。

そこはバス停の前で、排気ガスが流れこんでくるんですね。だから本がガスの油で汚れてしまい、触ると手が真っ黒になって、べたつくという本当にひどい状況だった。

町田店を引き受ける時、もう亡くなられてしまいましたが、山下書店の社長に三カ月間、自分のところには電話を寄こさないでほしいと、伝えました。どういう時間帯に、どういう客層がきて、どういうものが売れるのかを分析するのに、三カ月ぐらいはかかるから、その間は一切連絡しないでほしいという意味です。

最初に何をやったかというと清掃です。排気ガスで棚も真っ黒なんです。まず棚を一枚ずつ洗うところから始め、それをきれいにしてから戻す。それをやりながら、どういう時間にどういうお客さんがきて、何を求めているかをずっと観察したり、話をしたりしていた。

前の商品構成は文庫とか書籍が主だった。ここは場所がちがうなと思った。ここは雑誌でやるしかない。だから雑誌とコミックをメインにしようと思った。

そうすると、棚にミスマッチのものがたくさんあるわけです。女性客が多いのに、ぱっと目に入るのがフランス書院の文庫だったりする。店の印象がよくない。これも夜ならいいけれど、昼間はまずいでしょう。買ってくれる客層もあるので、そういう棚になっていたと思いますが、目立つところはよくない。それですぐに目に入らない場所へ変えた。

それで雑誌は売れるようになりましたが、坪数のこともあって、書籍の新刊はまったく入らない。だからそこで勉強になりましたね。新刊で勝負できない店の運営はどのようにやったらいいのかと真剣に考えざるをえなかった。それが本当に勉強になったといえる所以です。

25　雑誌の増売

伊藤　雑誌のほうは何をやったかというと、下にコロがついた、ちょうど女性誌が二冊載るぐらいのボックスを三十個ほど作ってもらった。それを使って平台を構成したんです。時間帯によって、それらを動かし、平台を変える。

朝の客層は年配者が多いので、健康雑誌とかテレビ関係雑誌を、昼はＯＬがくるので、『ＪＪ』などを、三時をすぎると、女子高生が多くなるので、『ＭＣシスター』とかを、前面に出すことにした。

コロをつけていますから、毎日の作業もそれほど大変ではない。動かすだけで配置が変わり、平台がすぐに変わりますから。

そうしたら、雑誌が倍々で増えていき、あっというまに月商が千六百万円になった。ところがそうなると、雑誌の量の増え方がハンパでないから、えらく大変なんです。『別冊マーガレット』が三百部送られてくる。店の中に入らない。あれは地獄でした。

―― スタッフは何人でしたか。

伊藤 社員二人、パート二人、あとは夜のバイトが三、四人です。

―― その人数で『別冊マーガレット』三百部といったら。しかも二十坪の店でしょう。

伊藤 めちゃくちゃでした。

シャッターを開けても中に入れない。雑誌の山を登っていって、向こう側に出て、裏に運んでスペースをつくるという状態だった。その裏も店の部分ではなく、ビルの裏階段にずっと積んでいくんですよ。

『別冊マーガレット』だけじゃなくて、『別冊少女フレンド』なんかも同じ数がくる。分厚い雑誌が。それが日によっては千部近く入ってくるわけです。雑誌に埋もれていたといっても過言ではありません。

――それはまたすさまじい経験をしたわけですね、マイシティ店とはまったく異なる。

伊藤　でも狭い店で売るにはどうしたらいいかを考えると、そうなってしまったんです。時間移動もしないと、とてもじゃないけど無理ですね。

今では朝来て仕分けし、陳列して終わりですが、それでは売上はとれない。ずっと健康雑誌を置いといても、ＯＬや女子高生が買うわけがない。だから引っこめてしまう。時間帯によって、雑誌の平積み構成を常に変えていく。時間毎に何冊売れていったかも記録していました。それを徹底してやっていた。

――それは何年ぐらい続くんですか。

伊藤　二年ですね。一方で新刊書籍が入らないというのも、逆にいいものでした。

――それはそうでしょうね。二十坪の配本パターンからすれば、売りたい新刊はほとんど入っていないでしょうし、それに返品しなくてもいいし。

伊藤　返品もそうだし、自分で棚を好きなように構成できるんです。新刊が送られてくると、やはりそれに拘束されるところがある。

26　書籍対策

――次第に書籍にも力を入れていくようになるんですが、仕入れの目安はどうしていたんですか。

伊藤　何度もいいましたが、新刊は入ってこないので、休み時間に久美堂や有隣堂にいって、目ぼしいものを買って読む。それで自分の店で売れそうだ、売りたいというものを頭の中にストックしておく。

二ヶ月もすれば新刊も返品になりますから、それから注文して入荷してくると、ポップを書き、雑誌と同様に書籍を攻めていった。それで結果的にはものすごい数を売るに至りました。

――その過程で、情報センター出版局の営業マンもくるようになったのですか。

伊藤　情報センター出版局は新宿のマイシティ店からつき合いがありました。

その当時は『東京漂流』を始めとする藤原新也の本の売れ行きがピークを極めていた。それにマイシティ店は情報センター出版局の本がしょっちゅうベストワンになっていたと記憶しています。それもあって、最初に仕掛けたのは情報センター出版局の岡庭昇の『飽食の予言』だった。

―― 情報センター出版局が『本の雑誌』周辺の執筆者、藤原新也ラインと異なる企画として出したものだと思いましたが、当初あまり売れなかったのでは。

伊藤 他の店では全然売れていなかった本です。ところがマイシティ店では当時の大ベストセラー『ノルウェイの森』よりも売れました。ポップの効き目と食に対する関心が高まり出した世相がぴったりはまったのかと思います。

―― そして町田店に移って情報センター出版局の西丸震哉の『41歳寿命説』でしたね。

伊藤 三沢君という営業マンがいた。彼は今、筑摩書房に移っているんですが、『41歳寿命説』の新刊の注文をとりに書店を回っていた。ところがショッキングなタイトルのためなのか、町田の書店でもほとんど注文をもらえなかったといって、僕のところにきた。「こういうタイトルの本が出るんですけど、どう思いますか」と僕に聞くわけですよ。だから僕はすぐに「これはいけるよ、四十万から五十万部いくんじゃないの」と答えた。三沢君はずっとこの本の販売促進をやっていたのだけれども、大半の書店から不評だったし、注文もとれていなかったので、キョトンとして半信半疑の顔のままで、信じてくれないわけですよ。だから注文を出して、「とりあえず百冊ね」と頼んだ。

それで三沢君は会社に戻り、上司に「実は町田で軒並み断わられたんですけど、伊藤さんのところだけが売るということで、百冊注文をもらってきました。どうしましょうか、売れるといってました」と報告した。

この上司も三沢君と同様に後に筑摩書房に移り、部長か何かになっているんだけど、「伊藤さんならしょうがない、満数出せ。でもまさか本当に売れるかな」と言ったそうなんです。ところがそれが実際に売れてしまった。それからですよ、色んな版元が寄るようになってきた。さすがに新潮社はきたことがなかったですけど。

27 集英社文庫『猛き箱舟』千冊完売

――それからお得意の文庫も仕掛けていったわけですね。私は唯一の船戸与一論の著者でもあるので、船戸の集英社文庫『猛き箱舟』を初回千冊とって、完売したと聞き、感激しました。

伊藤　単行本の時も、発売された夜に読んで次の日からポップをつけて販売した本です。だから文庫になったら、絶対に仕掛けようと思っていた。

文庫担当の場合、単行本で読んでおいたことが後になって力になってくる。これはという単行本を読んでおけば、事前に内容はわかっているし、内容からして売れ行きの予測もつく。

たまたま町田に移った時、『猛き箱舟』が文庫になると聞いた。本当は集英社文庫の配本はないんだけど、仕入れにいき、日販の担当者に「何とかして、売るから頼む」と泣きついた。そうしたら「何とかして」くれた。僕も「何とかして」売り切った。

――でも日販もよく「何とかして」くれたもんですね。二十坪の店に対して、そこまでフォローしてくれるというのは信じられない。

伊藤　信頼もあったし、当時はまだ頑張っている小さな店を支援しようとする傾向もそれなりにあった。今ではそのようなことはまったくなくなってしまいましたが。

――マイシティ店での実績も作用していたんでしょうね。

伊藤　それはありました。これだけいってくれるなら間違いないだろうという信頼感ですね。

――どのように売ったんですか。

伊藤　平台の前面にポップを立てて、本当にアイキャッチ効果は抜群でしたから、よく売れましたね。

その前にも、これというものはポップで売っていたんです。ただポップというのは乱立すると、後ろの商品が見えなくなる。だから乱立はさせない。

それから本の立て売りもよくやりました。新刊の場合は普通帯がありますが、古い本ですと、帯もなくなってしまい、カバー表紙だけで、目を引くものがない。

そこで帯のポップをつくり、挟みこんで上をシュリンクし、それを平積みの一番上に持ってくる。そうすると邪魔にならない。

――それは立っているスタンド型のポップとはちがうんですね。

伊藤　それも使うんですけど、乱立するとはっきりいってみっともない。これはというものだけに立てるものです。

やっぱり帯にポップを書き、シュリンクして、一番上に乗せる。そしてその隣りに関連書籍を置く。それはこの本を買った人はこういうものにも興味を示すだろうと予測してです。

―― リブロ池袋で、一日にドゥルーズの『アンチ・オイディプス』（河出書房新社）三百冊売ったというのはあまり驚かないんだけれど、町田の二十坪の店で、『猛き箱舟』を千冊売ったということもすごいと思う。

伊藤 いや、リブロのほうがすごいことですよ。でも僕はそういう売り方ばかりしていた。

―― 伊藤さんはリブロの今泉さんとはまた異なる視線で、町田という商圏を読み、客層を分析し、売上スリップの動向もよく見て、こういう本を仕掛ければ、かならず売れるというラインを見出していったことになる。それはすばらしい力量ですよ。しかも新刊が入らないことを逆手にとって始めたわけですから。

28 品切本や僅少本を売る

伊藤 それはほめすぎですよ。ただ一番うれしかったのは出版社がよく訪れてくるようになり、営業の人間と親しくなると、品切本や僅少本の状況がよくわかるようになったことです。

注文や既刊在庫の一覧表を見ると、いつの間にか消えてしまっている本がある。それを見て、品切か在庫僅少になったとわかる。リストから消えていても返品はあるし、まだしばらくは在庫があるとわかる。それでどのくらい在庫があるか聞いて、出せる数をできるだけ入れてもらう。それを在庫僅少のポップをつけて売る。これはいつもやっていました。在庫僅少のポップというのはよく効きますから。

―― それをリブロの担当者は代々やっていたみたいで、『「今泉棚」とリブロの時代』で今泉さんが語っているように、自らが出版社の倉庫に出かけ、仕入れるという大がかりなものだったらしい。

伊藤 それは聞いて驚きでしたけれど、そうだったようですね。こちらは大がかりというよりも小がかりでしたけれど、文庫に関しては徹底的というか、全部洗いざらいにやっていました。

アカデミー出版がシドニー・シェルダンの超訳でベストセラーを連発し、それまで他社で出ていたシェルダンの版権まで押さえてしまったことがあった。

―― ハヤカワ文庫の『真夜中の向う側』や『裸の顔』などですね。

伊藤 そうです。いずれもアカデミー出版の超訳ではなく、大庭忠男の完訳だった。それが版権をアカデミー出版に取られたと聞いた時に、すぐに早川書房に連絡を入れた。「倉庫にどのくらいあるのか」と問い合わせた。すると「三百冊強ある」との返事だったので、全部出荷してもらい、これも完売しました。

――八〇年代の出版社の倉庫事情もあったと思われますが、品切とされている本でも探せば、倉庫に結構残っていた。それはコミックもしかりで、秋田書店の書籍扱いの『白土三平選集』などは全巻が揃わないにしても、かなり残っていて、それを仕入れ、数百冊売った書店もありますよ。

伊藤　確かにいっぱい残っていましたよ。だから知っていて、売る気のある書店はもう一回は入れた。

在庫僅少のポップは効くといいましたが、アカデミー出版絡みのハヤカワ文庫は「この名訳では二度と読めない」でした。これだけで、あっという間に売り切れた。本好きの琴線にふれるコピーで、そういうものだと思いました。

――そういう意味で、ポップというのも惹句術だと思う。当時講談社から出た本で、文字通り関根忠郎著の『惹句術』という一冊があった。これは東京の映画のポスターなどに示された名セリフにも似た効き目の言葉、つまり惹句の集成本だった。それを読んで、惹句師までいることを知った。まさに映画の時代は惹句の時代でもあった。ところがビデオを経てＤＶＤの時代に入ると、もはや惹句の時代は終わってしまう。ＤＶＤの箱にそれなりの言葉は書き連ねられているが、もはや記号のようで、惹句たりえていない。レンタルケースに至っては映画の題名が書いてあるだけで、粗筋なんかの説明はまったくない。せめてそれなりの惹句と粗筋だけでも添えてあれば、他の映画や物語との連鎖なども類推できるし、あれも借りてみようという気にさせられる。でもそれらは空白のままです。

ポップでも惹句でもあれば、波及効果が望めると思うのにとても残念な気がする。そういうセンスが欠けたままで、複合店のレンタルも進んできてしまったことが、レンタル不況の原因のひとつのようにも考えられる。

まあポップにしても、惹句術にしても、ここまでネット時代が加速してしまうと、もはや役割を終えてしまった気がしますが。

伊藤　それこそツイッターがそれらを代行し、誰でも発信できるようになっていますから。

第Ⅲ部

29　さわや書店へ移る

――それはともかく伊藤さんの書店史に話を戻しますと、町田店も辞めて、新しいところへ移るんですよね。

伊藤　実家の祖父母が続けて亡くなり、いよいよ東京を引き上げなければならなくなった。

――やっぱりそういう個人史が絡んでいるんですね。なぜ盛岡のほうに移ったのかと思っていました。

伊藤　とにかく故郷だから。それでもできたら仕事先は書店がいい。それで日販の東北支社長と山下書店の社長が動いてくれて、さわや書店を紹介された。それで移ったんです。

岩手というと、東山堂書店が大きくて知っていましたが、さわや書店はよく知らなかった。さわや書店も僕のことをよく知っているわけではなく、戦力としてあまり期待していなかったようです。

――でも私が伊藤さんの名前を知ったのはさわや書店に移ってからで、色々とフェアなどを仕掛け、めざましい成果を上げているという記事が業界誌などによく書かれるようになり、さわや書店に伊藤清彦ありと、伝えられ始めた。

一方で私は筑摩書房の田中さんから伊藤さんのさわや書店での活躍ぶりを聞かされてもいました。

伊藤　筑摩書房の田中達治さんとはマイシティ店以来のつき合いでした。筑摩書房でピンチョンの『スロー・ラーナー』を出した時、初回に五十冊注文したんです。

――志村正雄訳のものですね。

伊藤　ええ、そうしたら田中さんがすぐに飛んできて、「紀伊國屋本店が三冊なのに、どうして五十坪の店が五十冊も注文するんだ」というんです。

こちらはサンリオ文庫の売れ行きなどから見て、「大丈夫、五十人はお客さんがいます。間違いなく売ります」といったら、納得して入れてくれた。それから数年前に亡くなるまで、二十何年かつき合いました。

筑摩書房ともそれ以来、ずっと懇意にしてもらっていた。

――なるほど、ところでさわや書店に入ったのはいつですか。

30　文庫に取り組む

伊藤　九一年七月です。僕には盛岡はほとんど初めてといっていい土地でした。スポーツの試合を見にきたことはあるけれど、町を歩いたこともないし、書店状況もわからなかった。

まず文庫をやってくれということだったので、一応盛岡の書店を全部回り、傾向を見てみた。すると古くからの文庫の新潮文庫と角川文庫がほとんど全部の書店にあり、次に講談社文庫、文春文庫という典型的な大手出版社が優遇され、ちくま文庫はわずかしかなく、朝日文庫、河出文庫に至っては一切なかった。

それらの構成を見て、ああ、やっぱりそうなのかと思った。

さわや書店もそうでした。でもお客さんはいるはずなので、構成比のバランスを調整した。バランスが悪いと思ったので、矯正したんですよ。そうしたら、それだけで二週間後に売上が二割上がった。それはみんなにはマジックに映ったらしい。棚を増やしたのではなく、バランスを調整しただけだから。

だからいいましたよ。どうして角川文庫は全点入っていなければならないのか、つまらなくて売れてもいない小説は外したほうがいい。それよりもちくま文庫や学術文庫をきちんと置くべきだと。

なぜ二週間かかったかというと、注文が郵送以外は駄目だったからです。郵送で注文すると、大体入荷が二週間近くかかりますから。

―― それはどうしてですか。

伊藤　競合の出店がいくつもあり、会社が赤字になっていたからで、経費節減がまず先にありきだった。版元に電話注文もＦＡＸ注文もしてはいけないことになっていた。いいのは送料向こう持ちの郵送注文だけという状態だった。

仕方なく至急追加がほしいというものは自宅から出版社に電話していた。おかげで自宅の電話代が帰郷してから一気に跳ね上がった。会社の電話が使えないのですからしょうがないですよ。

それだけでなく、構成比のバランスを変えようとしたら、経営者側からも「何をするんだ」といわれた。きっとどうなるのか心配していたんじゃないかな。だから経営者側にもいいましたよ。今まであまりにもバランスが悪すぎたので、それを矯正した。

角川文庫を店の入口の一番いいところに置いておく必要はありません。それは売れ線を平積みで押さえるだけで、今の売上は確保できますし、そんなに棚はいりませんと。角川文庫は十二段カットしその代わり平積点数を増やした。結果的にはその方が売り上げが伸びた。

ちくま文庫もそれまでは月に三十冊から四十冊仕入れていただけでしたが、一挙に四百冊くらい入れたら、これまた一気に売れてしまった。講談社もすぐに飛んできた。

棚構成が劇的に変わり、売上が倍になったんです。

棚の占める分はそれほど変わっていないけど、中身を変えましたから。「どうしたんです」かと講談社の営業が聞くから、今までの商品構成が悪すぎたこと、ここを変えれば、絶対にお客がつかめるはずだと思ったと伝えました。それは客層がわからない段階でも察しがつきました。本来ならば、いくら調整や矯正を施しても、三カ月ぐらいはかかるはずなのに、あまりにも商品構成が悪すぎたんです。

―― つまりお客さんたちはみんな買いにきているんだけど、買いたいものがなくて、戻っていたということなんでしょうね。

伊藤 そうだと思います。それがライバル店もみんな同じような状態だったから。新潮文庫と角川文庫がほとんどの棚を占めていて、残りのわずかなスペースを他の版元の文庫が分け合っているような状況だったんですね。おかしいじゃないかと一目でわかる。ちくま文庫を例に挙げれば、宮沢賢治の文庫の全集しかないわけですよ。いくらご当地物だといったって、もっと面白いものがいくらでもあるのに、一冊もない。おかしいに決まっている。お客さんは必ずいるはずだ。それで一気に見違えるほど変えた。

――ということは出版社の場合、多くの文庫が創刊され、多様化していたが、売るほうの現場において、文庫を売ることの多様性を持っていなかったことになるのかな。それも九〇年代に至るまで。

31　地方書店状況

伊藤　それはそれぞれの地方の書店によって異なるでしょうけれど、盛岡の書店の場合、持っていなかった。

――旧態依然のままだった。

伊藤　本当にそれは驚きました。

――ある意味で、最初の話ではないですが、都市と地方のギャップがまだ続いていたということになるのかしら。

伊藤 その通りだと思います。

――これは論じていくときりがないので、深入りしませんが、出版業界のアンシャンレジームを象徴するような話で、再販委託制に基づく大手出版社、大手取次、地方老舗書店の上意下達的構造が九〇年代になってまでも、まだ支配的なものだったことを物語っているような気がする。

伊藤 それも間違いないでしょうね。

――そうですよね、文庫を売るということですらもそのような状態にあったんですから。

伊藤 まあ、そんな状況にあったから、僕の居場所が確保されたともいえるでしょうが。

――こういう比較は失礼かもしれないけれど、いきなり『アンチ・オイディプス』を三百部売ることは不可能だ。でもちくま文庫を売ることは値段は安いし、内容には個々の特色があり、多様性に富んでいるので、やはり担当者のパフォーマンスの試みと位置づけられますよね。

伊藤　それも大いにあります。

――それに関連して、構成のバランスの調整と矯正はわかりますが、どんな基準で変えるんですか。

伊藤　それほど明確なものはない。ただどの文庫でも棚に絶対置きたい本があるわけです。あとはカットする本を見定めることです。テレビ化されたもの、一過性の話題のもの、そういったものはとことんカットしてもかまわない。

32　文庫の仕掛け方

――なるほど、それでは具体的にちくま文庫でしたら、絶対置きたい本で、記憶に残るものは。

伊藤　ライアル・ワトソンの『アースワークス』です。ちくま文庫で最も売りました。これは河出文庫の『風の博物誌』などに比べて、入門書として最もいい。

例えば、椎名誠の場合、彼にも駄作はいっぱいあるわけです。だから初めて椎名誠を読んだ人は駄作に当たると、二度と彼を読まなくなる。僕は駄作はカットするようにしている。その代わりにきちんとした入門書になるようなものは絶対に外さない。それに引っかかれば、その著者のものを次々と読んでいくだろうと確信している。

代表的作品、古くからの知恵がこめられた作品を、面を向け、目立つかたちにして示すこと。それからあとで、他のものを多様的に付け加えていくこと、でもここまでくると、それは教えようがないと思っています。それぞれの個人の読書体験というものが否応なく絡んできますから。

――それに陳列の旬のつかみ方もあると思いますが、これも蓄積がないとわからない。

伊藤 そうです。だから他の店に行くと、文庫を見て、これはバランスを崩しているとかがすぐわかる。海外物ですと、各社にまたがっているものもかなりある。もちろん日本人作家も同様ですが、海外物のほうが見つけるのにわずらわしい。

ところがそれがわからないので、管理上出版社の文庫別に並べてしまう。そうではなくて、これはシリーズであるから一緒に並べておく。

そうしたちょっとしたことだけで、お客さんにしてみれば、ここはわかっているなという気になり、店にいると話しかけたりしてくれるようになる。そこから会話が弾んでいく。それを他のお客さんも聞いていて、ここは気軽に質問し、話しかけてもいい店なんだというふうに思う。

そうなってくると、またちがうお客さんもくるようになる。それが棚つくりの意味だとずっと考えてやってきました。

――ところが、今やそのような棚つくりなどは消えてしまった。

伊藤 まさにそうです。今は聞かれれば、すぐに端末にいきますから。

――といってそれがすぐわかるかというと、とんでもなくまどろっこしい。端末で調べるだけで時間がかかってしまうから。

伊藤 それをさっと答えてあげると、まったく印象がちがう。あれば、すぐ飛んでいって持ってくる。なかったとしても、「それはこういう本でしたね。申し訳ありませんが、出版社のほうで品切れです」とか、「在庫はありませんが、何日後に入荷予定です」とアナウンスするだけで、全然ちがう。それができる人が売場にいるだけで、変わってくる。

このように僕の持論は部分が光れば、いずれ全体が光るというものなので、まず担当の文庫を光らせようとした。最初の二週間で二〇%上がって、一年後に倍の売り上げになったんですけど、本当に面白かったですよ。

――確かに面白いでしょうね。

伊藤　店全体が上がっていくんです。仕掛けたトリックがどんどん熱くなっていく。

――盛岡市は周辺人口を含めてどのくらいなんですか。

伊藤　広域に合併しましたから、現在は三十万人前後ですが、その頃から市街地の空洞化が激しくなっていったんです。

　でも当時はまだ商店街が元気でした。東北で唯一残った元気なところでした。素直に言いますと、そのおかげでやれたようなものです。今の状態でやれといわれても、もうとても無理です。市街地は壊滅寸前ですし、僕の場合はいい時代だったし、タイミングが合ったとしかいいようがないです。

33　さわや書店店長へ

――まだそのような商店街が元気だった頃、さわや書店に入り、翌年に店長になるわけですね。
伊藤　そうです、一月から店長になった。でも入ってから最初の二カ月ぐらいで、社長には辞めたいということは伝えたんです。なぜかというと、さわや書店自体の店売部門は古参の女性たちの職場だった。仕入れも彼女たちが仕切っていたから、誰も手を出せない。それで仕入れがどうなっていたかというと、電話とＦＡＸは使えないので、日販の王子の流通センターから週一回、火曜日に電話がかかってくる。その時に「あれがほしい、これがほしい」で終わる。これが仕入れの実態だったことになる。

それならスリップはどうしていたかというと、八十歳を超えたおばあちゃんが握っていて、報奨金のあるものだけを切り、あとは捨てていた。何のことはない、売上スリップなどは見ていなかったのです。どうしてこんな変な平台になるのかと考えていましたが、それで理由がわかった。

そこで文庫をやりながら、ポイントとなる商品を自分で注文し、入荷しつつあった。それはいくら文庫を伸ばしていったところで、ある程度文芸書なども変えていかないと、全体が伸びていかないからです。それで並べていったら、僕の休みの日に全部返品されていた。

――軍隊における古参兵の新兵へのいじめみたいなものですね。でもその手の話は私も結構聞いたことがある。

伊藤　一冊残らず返品されていたんですよ。

――九〇年代に入っているのに、何とも、それこそ旧態依然のことが繰り返されたわけだ。

伊藤　だから岩手だけの話ではない。

――今の話を聞いて私もそう思うな。私が聞いたのは以前の話ですが、知っている地方の老舗書店のかつての職場の雰囲気から察すると、それはよくわかる。

戦前から続いている地方の老舗や大書店は多かれ少なかれ、おそらくそういう状態だったんじゃないかしら。それが変わらざるをえなかったのは各地にナショナルチェーンが進出し、初めて本当の競合が始まったからだと思います。

それまではご存知のとおり、七〇年代までは取次と地方の書店組合のカルテル的な制約もあって、書店の新規出店はほとんどなされていなかった。

それに加えて再販委託制だから、競争相手は新たに現われず、仕入れも自主的にやらなくても取次が送りつけてくれ、定価をつける必要もなく、おまけに返品もできたから、極端なことをいったら、他の商売のような厳しさを何も知らないで、営業を続けられた。

伊藤さんのいわれた古参の女性たちはその象徴のような存在だと思うしかない。

伊藤　本当にそうです。それまでは全国のかなりの書店がそんな状態で、それをナショナルチェーンが変えた。それはナショナルチェーンの功だったととりあえずはいっておきましょう。

――七〇年代半ばに日本は消費社会化し、八〇年代には郊外消費社会が形成され、どのビジネスも郊外店全盛の時代になった。私の理解でいうと、近代から現代へと移行した。そのために様々なビジネスもまた現代化せざるをえなかった。郊外店への転換ということはそれまでの近代システムから現代システムへの移行を意味していたし、実際に書店以外はその転換を前提とし、変化をとげていった。

ところが書店だけは場所が変わっただけで、再販委託制の流通システムはそのままだった。主として変わったのは従業員がパートアルバイト化したこと、レンタルが複合として加わったことぐらいでしょう。

34　地方書店の現実

伊藤　それは実感します。流通システムはともかく、現代化していた都市型の山下書店の場合、マイシティ店でも町田店でも販売改革を行ない、そのことによって売上を上げることができた。ところがこちらにきたら、それさえも許されない地方書店の現実にぶつかってしまった。

本当にショックだった。全部返品することはないだろうと思いました。

――でも七〇年代までの地方書店の話を聞くと、店売の場合、女性のシェアが圧倒的に高く、彼女たちが各分野を担当し、女性同士の問題があり、自分の担当分野以外には口も手も出さないというのが暗黙の了解としてあったようです。だから古参になればなるほど、自分の縄張りになってくるから、誰も手を出せないように固定化してしまっていた。

伊藤　それで新たに考え直した。自分の担当の文庫のところに積むのであれば、かまわないだろうと判断し、文庫の平台をけずり、単行本を積んでいったんです。結果的にそれらが全部店売のベストテンを独占することになり、それからは返品されなくなりましたけどね。

でもさっきいったように、社長には「ちょっと僕には無理です。ここではやれそうにありません」といった。それだけきつかったんです。

――吉行淳之介のエッセイ集に『春夏秋冬女は怖い』（光文社）というのがありまし

たけど、それを身にしみて感じたわけですね。

伊藤　例えば、朝礼で本の話が出て、必ず毎日、本の紹介がされるわけです。ある時、大正時代のベストセラー『地上』のことが話に出た。

――島田清次郎の。

伊藤　そうです。社長から「この本はどういう本か」とふられたので、「これは大正時代の画期的ベストセラーで云々」と説明したところ、古参の女性店員から、「私は生まれていないのでわかりません」と取りつく島もない言い方をされた。

そんなことを言い出したら、『源氏物語』などはどうするのかと思いましたけれど、本当にいじめはすごかった。バックヤードに呼び出され、「あなたがきてから、本のことがわけがわからなくなった」とまで言われた。それで思い余って、社長に辞意を表明したわけです。あれはいまだに腹が立つくらいにひどかった。女性社会における男の悲哀をかみしめましたよ。

――徹底的に嫌われた。

伊藤　そう、嫌われたんですね。自分の仕事を奪われると思ったんでしょう。

――でも一人二人は味方につかなかったんですか。

伊藤　いや、全然でしたね。

ただ社長だけは支持してくれた。それは劇的に売上が上がっていったからです。本当に上がり方が劇的でした。今まで五十年ぐらいやっている店がライバル店ができて、ずっとひどく落ちこんでいた。それが一気に上昇し始めたんですから。

――伊藤さんの話を聞いて、地方の典型的な老舗書店の構造というのがあらためてよくわかります。いわゆるオーナー一族が上にいて、その言うことを聞く古参の女性社員たちがいて、彼女たちを中心とする店舗オペレーションがなされていた。商店の場合、はっきりいって、女性をどうやってうまく使うかというのもノウハウだったから。

伊藤　本当にそうですね。

――でもすごく活躍した時代もあったようです。例えば、百科辞典類の販売促進などにはその役割を充分に果たしていた。女性同士で数をとってくるのが競争になるし、「みんなでやってこい」というと、負けてはいけないという競争心があおられ、それなりの数を上げてきた話はよく聞いたことがある。もちろん報奨金の魅力もあったでしょうが。

ただもはやそういう時代でないことは明らかなのに、そういう構造だけが続いていたというのはあるんでしょうね。まあ、それは書店だけでなく、出版社や取次も同様なんでしょうけど。

35　女性社員の商品構成

伊藤　確かにありますね。それは周辺の店もみんな似たり寄ったりでした。ただ僕の持論からすれば、客層は男のほうが多く、年配者から若い人までくる。ところが売場の対応する側が女性ばかりではミスマッチだと思っていた。

商品の仕分けにしても、女性の場合はフランス書院文庫なんかは最初から返品対象になってしまう。入った時に驚いたのはワニブックスの写真集が一冊も置いてなかったことです。

そのわけを女性店長に聞いた。そうしたら、「汚いから」というんです。ワニブックスの写真集はエロでもグロでもないし、きれいなものですよね。それを彼女の一言で、一冊も置かないというようにしてしまう。だから女性が文庫を担当すれば、フランス書院文庫は絶対に外されてしまう。

それにしても「汚い」の一言はきつかった。

―― でもそのような発言から、地方の商店街にある書店の様々な配置図が覗けるような気がします。老舗書店は教科書取扱店だったりしますから、その建前と矜持もあって、エロに分類される雑誌や書籍は置かない。その延長線上にワニブックスの写真集もあるので、同じように「汚い」となり、排除されてしまったのでしょう。

そういう老舗書店があったから、一方で小さな書店が遅くまで営業し、エロ雑誌などを売ることでやっていけた。

伊藤 まあ、そうでしょうね。

―― だからエロ雑誌の雄である東京三世社はそういうところで食っていた。教科書とは関係のない後発の小さな書店とつながり、住み分けがなされていた。だからそういう視点からみれば、書店は金太郎飴ではなかった。でもその東京三世社が清算に追いこまれた事実はそのような書店の住み分けもなくなり、小書店が壊滅状態になってしまったことを告げているのでしょう。

それでも中央社が今期取次でめずらしく、増収増益になったのはその手のものに力を入れ、DVDを中心とするアダルト書店の開発にいそしんだせいだと思われる。

ブックオフにも大量の成人漫画がある。あれこそよくわからないが取次が介在しているはずだ。

伊藤　あれはいっぱい出版社がありますね。富士美出版とか司書房とか、司書房はつぶれてしまいましたけど、本当にいっぱいあって、僕らにはわからない。

――コミックに詳しい伊藤さんにとっても、それらは盲点なんですね。ちょっと脇道にそれてしまったんで、話を戻して下さい。

36　大手出版社と外商

伊藤　その他にさわや書店にきて驚いたのは講談社とか学研とかが店売ではなく、外商部門の強い店にしか寄らないことです。

――その話もよく聞きます。大手出版社の企画物は外商がどれだけ数を上げてくれるかが勝負ですから。

伊藤　それももちろんですが、大手出版社信仰というものがものすごくあった。彼らがくると、殿様がきたようだった。

――だからそれが大手出版社の営業を駄目にした。彼らが売れている商品を持ってきてくれるならいいんですが、そうじゃない。

伊藤　来てくれただけで、接待が始まってしまう。下手をすると、朝からビールなんかも出てくる。

――今では外商も値引き合戦で赤字になってしまっていますが、外商の時代というものもありましたよね。とりわけ辞書や学参の出版社が絡んで。三省堂の営業はかならず二人できていた。彼らも書店の他に中学、高校回りをして辞書の売り込みも兼ねていた。それが二人でくる。どうしてかというと、教師たちとの接待麻雀がすぐにできるからで、トランクにはこれも土産用の虎屋の羊羹がいっぱい積んである。

伊藤　それも結構続いていましたよ。本当に大手出版社信仰も根強いものがあった。そこで角川書店などは店売の一番いい場所を独占し、自社の全点フェアなどを売りこんでしまう。あとは文庫の担当になって、調べてみると、前任者が年間フェアの最も大きいセットを頼んでいる。営業のいうがままに注文を出しているんですよ。本当に腹が立ちまして、言ってしまいました。「自分のところの平台のスペースをわかっているのか。これを全部頼んだら、新刊を置く場所もない」と。

――だから出版業界の構造が何も改革されずに、九〇年代まで続いていたことを意味している。出版社・取次・書店という近代流通システムが文字通り階級構造で、上意下達の状態のままで、いつまでたっても消費社会化に見合った現代出版流通システムへと転換していなかったことをも物語っている。

伊藤　ただ僕はそういった状況を逆手にとって考えることもあり、盛岡で数字を伸ばせた理由をいくつか上げることができます。

さわや書店もそれほど知られていなかったし、僕も山下書店の時はともかく、ほとんど地方では無名だった。確かに講談社などが外商部門にはきたけれど、店売にはまずこなかった。だから仕事が邪魔されず、それは大いなるメリットだった。

山下書店の町田店の場合、それなりに売ると知られていたので、後半になると、出版社の営業マンとの応対に費やす時間もかなり多くなっていましたから。

それとこれは町田店と似たようなところだったんですが、それほど売っていないこともあって、新刊配本が少なかった。だから自由に平台を構成できるわけです。これは自分にとって、非常なメリットでしたね。

――つまり逆に典型的な地方書店のルーチンのままで、何の手も入っていなかったというのがメリットだった。

伊藤　そうです、最大のメリットだった。いかようにも作れるんですから、楽しかったし、本当にメリットでした。それも自分なりの好みのフェアを全面展開できましたし。

――それにもはやニューアカデミズムブームの後塵を拝して、現代思想書などを前面に押し出す時代は終わっていたから。

伊藤　それはもうちょっと時代遅れになっていたし、無理でもありました。

37　文庫から人文書へ

――時代の照り返しはあったにしても、リブロのコンセプトを盛岡に持ってきても成立はしない。だからそこでまず文庫の多様性から始め、売上傾向を確認してから、伊藤さんならではのフェアに向かったというのはとてもオーソドックスで、正しかったんじゃないでしょうか。

伊藤　最初は文庫から入りましたが、詳細なスリップ分析をして、それを人文書全体へと投影させ、最終的に店のイメージ自体も変えるように試みました。徐々に展開した様々なフェアはその試みの表われでした。

そのこともあって外は外で、平台を置けるようなスペースがあり、これを利用しない手はないと思った。

そこでこれは町田店でも使い、重宝したコロをつけた腰ぐらいの高さの平台を作り、自由自在に動かせるフェア台にしたんです。

それで展開したのが早川書房のポケミスフェア、みすず書房のフェア、平凡社の東洋文庫のフェアなどでした。いずれもすごく好評で、ものすごく売れました。

商店街の通路のところで道行く人にとっても、ポケミスのあの抽象画の表紙、みすず書房の白を基調とするカバー、東洋文庫の箱入りのフェアはとても目立って、新鮮だったと思います。だから売れたのでしょう。

―― 法政大学出版局のフェアもやりましたよね。

伊藤 法政大学出版局の「ものと人間の文化史」フェアは売れるかなと少し心配しましたが、予想以上に売れました。

―― 文庫から始めて、それらのフェアを展開する一方で、売上も上昇し、確か店のほうも増床するに至ったということですが。

38　月商七千万円を超える

伊藤　九四年になって、隣のビルがたまたま空いたので、児童書専門店モモというのを立ち上げ、やっと合わせて二百坪になりました。

ただし四つのフロアに分かれ、レジが最低でも四台必要ですし、人数もいるし、効率は非常に悪い。しかし商品内容の充実と客層の増大に拍車がかかり、売上はどんどん上がっていきました。結局のところ、二百坪で七千万円近くまでいきましたから、地方の商店街の書店としては最高の位置にまでついたんじゃないでしょうか。

――それはすごいですよ、月商でしょう。

伊藤　ええ、月商です。そうしたら初めて色々な売れ行き全国データを見られるような立場になり、それらも加味したら、さらに売上は急上昇した。

ある出版社が東京堂を抜きましたねと伝えてきた。東京堂って、あの東京堂ですかと思わず聞き返しましたよ。そうです、あの東京堂ですというから、本当に抜いちゃったんだと感慨無量でした。

しかし問題も生じてきた。その頃になると、すでに本に触る機会が減ってきたのです。人を育てる意味もあって、従業員に任せなければならない。どんどん売上が上がるにしたがって、人を新たに入れ、育てて配置する必要に迫られるようになった。だから社員教育も僕が担当するはめになり、次第に本に触れなくなった。ただ自分が本に触らなくても、恐ろしいもので、売上は相変わらず上がり続けていた。

そのためにさわや書店全体、グループ全体のことを考える立場になってしまった。確かにグループ全体の売上は上昇し続けている。ところが自分は本店にいても事務所にいることも多くなってきたので、お客さんと接する時間も減ってしまった。

39　私が危機感を覚える

伊藤　そこで切実に考えたんです。

売上は伸びているが、自分が一生懸命に店頭で様々なフェアを仕掛け、三年間にわたって売上を上げてきたことに比べて、勢いはあるにしても、もはや天井が見えてきたのではないか。今の盛況は自分の三年間の努力がベースになっているからで、そのような努力を継続しないといずれ反動がくるのではないか。

僕には少しずつ危機感が芽ばえてきました。おまけに出版社がこなくてもいいところまでくるようになって、それで自分の時間をどんどんとられるようになった。

――出版社が多くくるようになったとしても、本当の情報が入ることは少ない。

伊藤　そうなんです、役立つ情報は多くない。ほとんどがその出版社に限定されたものですから、情報でも何でもない確率が高い。

――それに伊藤さんのさわや書店のように評判になってしまうと、日報を書く手前、出版社の営業もいかなければならないという義務が生じてしまうから、有効な情報を持ってくるということはほとんどない。またそのような目端の利いた営業マンが九〇年代になって育っていたかに関しては非常に危ういような気がする。

伊藤　それは九七年から出版物販売金額が落ち始めたことにも直結していると思います。

――出版物販売金額は九六年の二兆六千億円をピークにして減少し続け、二〇一〇年には一兆八千億円になると予想され、十数年で何と八千億円もマイナスというとんでもない危機に追いやられてしまった。欧米諸国と比べても、日本のような出版状況は見られず、これが日本だけの現象であることは明らかで、紛れもない出版敗戦の現実ということになります。

これは個々の詳細を述べている場合ではないので省略しますが、書店にとって代わったと見なしていいTSUTAYAにしても、ゲオにしても、ブックオフにしても、本を売ろうとしてきたわけではない。レンタルやリサイクルが本来の目的です。

だから出版業界は結果として、TSUTAYAやゲオやブックオフを支援するようなことをやり続けてきたのであって、本当に本を売ることを推進してきたかというとはなはだ疑問です。

伊藤　確かに彼らは本を売ろうと思ってやってるわけではないし、出版業界も本を売ることに対して、本気に取り組んでこなかった。

――それから本をめぐる恐るべき幼稚化です。郊外型書店環境と複合レンタルによる客層の若年化、そこからケータイ小説、ライトノベル、占いや血液型などのベストセラーが生まれたわけだけど、これは欧米諸国と比べて、いくら何でも幼稚すぎると判断するしかない。

伊藤　まさにそうです。だから僕はずっとそれを言い続けて、ものすごいひんしゅくを買った。僕はやっぱり書店側からしか考えられないので、なぜ書店がこんなに駄目になってしまったかも考えてきた。それは客層と売場の人たちが完全にミスマッチになってしまったのが原因のひとつだと思う。

僕が七〇年代の東京で、芳林堂や書泉グランデや書原などと出会った時代、男性社員が多く、いくら小さな書店でも、聞けばすぐに答えられるような人が多かった。ところが今はほとんど女性のパートばかりになってしまった。

ワニブックスの写真集が「汚い」と片づけられてしまう状況ではなくなったにしても、バイオレンスがかった小説は絶対に毛嫌いされるし、初回で入ったものは仕方がないが、追加までして置くようなことはしない。

だからマイルドな恋愛物の江國香織とか辻仁成などだけが並んでいく。そうすると、男性の本好きな人は絶対敬遠するようになる。

僕が今見て面白い書店だと思うのは大体男性と女性がバランスよく働いているところです。女性だけが目立つ書店ははっきりいってつまらない。これは何だと思ってしまう。僕はどうしても男性と書店側からしか考えられないので。

――八〇年代の郊外型書店が隆盛を極めたが、そのような男性社員を定着させ、育てる機能を持ち合わせていなかった。

伊藤　まったく持ちえなかったですね。

――それは労働分配率の問題につながるわけだけど、店舗というハードに家賃などの金がかかるようになってしまった。

40　複合型書店の内実

伊藤　はっきりいえば、人件費はけずられる一方できてしまった。家賃もそうですが、代わりにコンピュータ化にも経費がかけられた。ところがその郊外店がまったく人材養成の場にならなかった。上場した郊外店チェーンなども一時はもてはやされたにしても、すでに行き詰まってしまったのは明白です。

その一方で経営側は人件費の削減にばかり向かったので、アルバイトとパートだけの店になってしまい、社員はマネジメントしかやっておらず、本のことを聞いてもわからない。

――だから今またしても金太郎飴書店といわれるような光景の棚になってしまった。雑誌、コミック、文庫、新書、ムックの定期配本といった自動パターン配本と送りつけで、棚が構成されるシステムになってしまっている。それと本部指定による各分野のベストテンの陳列です。それらを見れば、棚つくりなどすでに死語と化しているのが歴然です。

私がそれを実感したのはスティーグ・ラーソンの『ミレニアム』（早川書房）の平積みを見たことです。これは年末に『このミステリーがすごい！』で、海外編ベストテンにこの三部作が選ばれたことに端を発しているのでしょう。近くのＴＳＵＴＡＹＡでその三部作が十二月から六月までずっと平積みになっていた。六点各五冊ずつ平積みで、七カ月の間に第三巻が各一冊売れただけだった。

伊藤　普通は二カ月で外し、棚差しにしますね。

――　本部の一括仕入れによる平積みだったから、返品の指示があるまで平積みされていたと考えるしかない。それを示すように棚差しとして残っていなかったから、一気に全部返品してしまった。要するに伊藤さんのいうミスマッチと同じで、このＴＳＵＴＡＹＡの店の客層に『ミレニアム』はまったく合っていなかったことになる。一部を除いて、千三百店あるＴＳＵＴＡＹＡの店ではほとんどの店が同様だったんじゃないだろうか。

伊藤　それは早川書房がたまりませんね。全店にいってたはずだし、少なくとも各五部とすれば、多ければ各十部ということも考えられるから、七カ月後の忘れた頃にとんでもない返品をくらったことになる。そうなると、書店と出版社の信頼関係なんてまったく消えてしまう。

――論創社もミステリーを出しているので、聞いたことがあります。それでフェア用に一括注文がきて増刷した。『このミステリーがすごい！』の第九位になったそうなんです。それが丸々返品になってしまった。それが二回あり、二回目の時によくわかったと言ってました。結局売れるのは第一位から三位までで、あとは単なるお飾りで終わってしまうのではないかとのことです。

伊藤　それは本当にそうです。

――それでは『ミレニアム』はどうなのかといえば、二十世紀のミステリーの集大成であって、今世紀の初頭を飾る記念すべき作品だと思う。著者が急逝せず、十作まで書き終えたら、すべてのミステリー様式が揃ってしまうのではないかと見なせる。だから私はとても評価する。

背後にあるのは現代のスウェーデン社会の暗部とジェンダー問題で、社会派小説としても集大成を試みようとしていたように読める。ご都合主義の場面も多いけど、読み出して興に乗ってくると、非常に面白い。

41　書店のコンピュータ化の問題

伊藤　僕はまだ読んでいないので、これから読みます。

さて、もう一方の経費をくうコンピュータ化は、はっきりいって必要なかった。

――　私たちの常識からすれば、ISBN問題、バーコード、コンピュータ化は取次や書店の現場において、省力化と効率化が進み、様々な作業も速くなるというのが認識だった。ところが逆の現象が起きていることになるのかな。

伊藤　逆ですね。さっき十数年で出版物販売金額が八千億円も落ちていることにふれましたが、それがコンピュータ導入とパラレルですから、象徴的です。

――　それならば、書店におけるコンピュータ化の問題はどういうことになるんですか。

伊藤　利用の仕方が決定的に間違っていると思う。

――　具体的にいうと、それはどういうことですか。

伊藤　さわや書店が伸びた理由のひとつはスリップの二重管理なんです。前日の売上スリップを全部見て、しかもそれをノートに一回、一冊一冊を記入しているのです。どのジャンルがどのような流れで売れているのかということを、頭の中に全部通す試みであり、それをやらないと駄目なんです。

それから担当者ごとに分ける。各担当者は自分のノートにそれらの動きを記す。つまり僕と各担当者が売上スリップの二重管理をやっていることになる。

でも担当者はやはり見落しが生じる。新人とか、この著者がブレイクする可能性があるとかはわからない。そのことに関する知識は僕のほうにあるから、こちらが説明する。「これはこういう作家で、これを書いてブレイクした」とか、「これは何冊かだけ頼みなさい」といったような指示を出す。これが僕のやっていたスリップの二重管理です。

ところが今はコンピュータ化してしまった。そうなると、まず画面を見て、週間の売上などを確認するんですが、記憶は残りません。あれは売上第一位からざっとスクロールして見ていっても、まったく頭の中に何も残らないですね。何よりも題名と表紙が一致しません。これは本当です。

スリップの場合、わからないと現場に持っていって、これかと一枚ずつ確かめながらやっているわけです。コンピュータではその検証システムが組みこまれていないので、ただデータが流されているだけで終わってしまっている。

いまだにノートだ、スリップだなどといいますけれど、書くとやっぱり覚えますし、現在でもそれなりの書店はある程度それをやっているはずです。

――そのような話を聞いて思うのは、本の世界はあくまでミニマーケットで、それに見合うのがスリップによる管理と発注だったし、アナログといわれようが、それが正しかった。ところがコンピュータ化というマスマーケットの論理が、利用方法もまともに検討されずに導入された。

その結果がどうであったか、コンピュータ化とパラレルに売上が落ちていった事実と即応していると考えるしかない。

42 ナショナルチェーンの現在

伊藤　コンピュータ化の進行と同時に店員の知識も後退していきました。お客さんから聞かれるのはやはりレジですが、聞いても無駄だと思っている人も多く、レジではなく、わかっていると目される社員に聞いてきます。

そういう傾向以上に、今やチェーンによってはレジのところにモニターがありますから、お客さんも見られるようになっている。だから棚を見て本を探すというより、まず画面で検索するという習慣に移行している。

それは仕入れも同様です。ナショナルチェーンの場合、本部機能があり、特定の在庫であれば、コンピュータですぐにわかるようになっている。それで出版社の営業が本部にいくようになる。「今度、売れ線シリーズの第何巻が出ますけど、どのぐらいほしいですか」というと、今までの売れ方と現在の在庫を見て、「では、これだけ入れて下さい」という発注の仕方になっている。

――その本部発注が現在のチェーン店の常態になりつつあるわけですね。

伊藤　そう考えていいでしょう。

――ということは、ベストセラーとかコミックとか、どの店でも売れる商品に関しては本部仕入れでも機能すると思いますが、さっきの『ミレニアム』のような例も多々発生している。本部仕入れと個々の店とのミスマッチが。

伊藤　その問題と通じるんですが、コンピュータ化によって、出版社の営業スタイルが変わってしまったこともあります。以前は営業も個々の店にいっていた。ところが今や地方の有力書店も含め、大半が立ちゆかなくなり、なくなってしまった。

それで残ったのはナショナルチェーンということになると、営業にいっても、全部「本部に言ってくれ」になってしまった。

でも本当はどの営業も個別に回りたいんですね。今度の本だったら、あそこの店長は絶対にわかってくれるとか、彼なら売ってくれるとかということを優秀な営業マンであれば、そういうことをつかんでいた。

しかしそういう書店が軒並みつぶされ、なくなってしまった。そして今ではナショナルチェーンしか受け皿がないような状態になっている。

―― つまりナショナルチェーンに代表される本部仕入れを含めた大手出版社のマスマーケット本しかうまく流通しない状況だと認識するしかない。

しかしここで本の原点に戻るんですが、大半の本の初版部数は数千部です。これは大手出版社の人文書も同様です。それに加えて、本は無用の用的なもので、極端なことをいえば、最初の需要はゼロだと考えてもいい。出すことによって需要が喚起されるというのが本の基本的性格なんだと思う。

著者が書き、出版社が出す。それにまず書店が反応し、平積みになったり、棚差して置かれたりして、少しずつ売れていく。もちろん返品され、消えていく本が多々あることを承知していても、本の原点はそういうところにしかない。

伊藤　僕もその通りだと思います。本にのめりこんだのも、書店に入ったのも、あくまでそのようなミニと個の世界だったからで、マスの世界を求めたからではありません。それだから書店の仕事にもこだわってこれたのです。

しかし近年のミニとマスのミスマッチは異常でしかなく、はたして日本の出版業界はどうなっていくのかが本当に気がかりです。

――　ちなみに私はこのような出版業界の危機的状況下において、『「今泉棚」とリブロの時代』もそうですが、伊藤さんのこの本も、今後の出版業界を占う意味でも試金石、もしくはリトマス試験紙のようなものだと思っています。

どうしようもない危機状態に陥っている出版業界が今泉本や伊藤本を真摯に受け止めるようであれば、まだ再生の道を模索できる気がしますが、まったく無視されるようなら、もはや空中分解しかねない危険性を孕んでいると判断しています。

それでも初刷は二〇〇〇部からスタートするしかない。マスマーケットの本ではないにしても、本に関する重要な本ですら、このような部数からスタートするしかない。はたして需要は喚起できるでしょうか。今泉さんの本の場合、出る前にツイッターを含めて、ネット上に千に及ぶ掲載があったと聞いていますが、注文にはさほど結びついていない。

伊藤　僕もツイッターは見ているし、自分でもやっていますが、あれはひとつの特徴として、忘れ去るという機能がありますね。それがネットの危険性で、すぐに反応するのだけれど、これまたすぐに忘れてしまう。

そして次から次へと新しいものが飛びこんでくる。だから常に新しい話題に振り回されているのがツイッターということになる。

――そのために本の売れ行きとは実際に結びつかない。

伊藤　なかなか結びつかないでしょうね。

――相変わらずブログは盛況であるが、本の売れ行きとそれほど連動していないのは確かです。

伊藤　ブログの反響で、突出した売れ行きを示すこともほとんどないですね。

第Ⅳ部

43　ラジオと本

――伊藤さんはテレビやラジオにも出ていますよね。

伊藤　テレビと本の相性はまったく駄目ですね。これだけは実感として受け止めました。本当に苦労して内容紹介しても、まったく反響がありませんでした。

それに反して、ラジオはすごいし、驚きですね。とんでもない数が売れます。これはあまり書いたことがありませんが。それから紹介した本はとても多くて、一冊一冊をよく覚えていないんですけど、ラジオ反響で、四ケタ売ったこともざらでした。

自分の店だけでなく、他の店にも波及し、それから岩手県全体に広がっていきました。だから僕のラジオを聞いた全域に効果があったことになる。岩手県の書籍のシェアは〇・六％しかないんですが、ラジオの反響によっては三％に上がったりする。だから聞いている人も多いし、反応も上々なのがラジオなんです。ツイッターやブログの比ではない。

――じゃあ、伊藤さんの本も是非ラジオでやってもらわないと。

伊藤　私は今はラジオをやっていませんけれど、後輩が継いでいるので、頼んでみます。

―― それは心強い。初版部数からして四ケタの反響など望みません、三ケタで結構です。

さてラジオの話が出ましたが、伊藤さんはベストセラーの発掘人としてもよく知られていて、いわゆる火をつけたものがたくさんありますよね。かまくら春秋社の『天国の本屋』も伊藤さんが火をつけたんですね。

伊藤 そうです。でもこれはたまたま広がり、それが日本全国に広がってしまった。実はその前にさわや書店発で、岩手県内で広まった本はたくさんあるんです。それは県内のメディアのラジオやテレビを通じてのもので、地元のタウン紙に書いたことから始まっているのもあります。

だからさわや書店のベストテンは日販やトーハン調べのベストテンとほとんど合っておらず、まったくちがっていたといっていい。

―― それでないと、伊藤さんがやっている意味がありませんから。

伊藤 もちろん、そういうことでもあります。『天国の本屋』の場合、かまくら春秋社という地方出版社の地味で小さくて薄い本だった。

著者は無名の松久淳＋田中渉で、横書きですから、出版社、著者、体裁と三拍子揃って馴染みがない本でしたが、読んでみると本と本屋をめぐるファンタジー小説で、これはいけるんじゃないかと思った。そこでポップを書き、いい場所に平積みで売り出した。すると、たちまちベストワンになってしまった。

そうなると、出版社の人たちも買っていくようになった。「何、これは」というものですから、「うちで一番売れているのがこれなんです」と答えていましたから。彼らの反応はほとんどが見たことがない、どうしてこれが一番前の平積みなのか、かまくら春秋社はどこの出版社かというものなどでした。

ところがこの話が営業ルートの口コミで伝わり、全国的に広がっていった。新潮社の人はすぐ読めそうだし、読んだら電話を入れるといっていたと思ったら、「文庫の版権をとった」という、おまけつきの電話がかかってきた。

この『天国の本屋』以前にも、さわや書店オリジナルのヒット商品はいっぱいあり、それこそ四ケタ売るというのはめずらしくなかった。

確か年間十本は四ケタを売っているものがあった。ただその全部が東京、もしくは全国まで伝わっていたわけではない。でも出版社で売上データがわかっているところは、さわや書店とは一体何なんだと思っていたでしょう。それに単品でいけば、全国で一番売ったというのは本当にたくさんあるんです。

44 さわや書店伝説

――わかります、それが「さわや書店伝説」なんですね。

伊藤 とりわけ喜んでくれたのは選ばれた著者たちです。紀伊國屋書店でも丸善でもないのに、「信じられない」と大喜びしてくれた。

――それはそうですよ。それならここで私も先にいっておこう。この本を売って伊藤さんを喜ばせる書店はどこだと。

伊藤 そういう著者の方々とはいまだにつき合いがあります。『がんばらない』（集英社、半年間で千五百冊販売）の鎌田實さんを始めとする著者や作家の人たちはまだ売れない時に売ってもらったという思いが強くあるようなんです。

――その他にもたくさんあるでしょうが、特に印象が深かったというか、それらの本を語ってくれませんか。

伊藤 ラジオで仕掛けて爆発したのは大平光代の『だから、あなたも生きぬいて』（講談社）ですね。

――あの大ベストセラーも伊藤さんが仕掛けたんですか。

伊藤　僕の仕掛けだけではありませんが、これは実は刊行以前にゲラを読んでいたわけです。当時これはというものを書店員にゲラで読んでもらうという出版社の方針がスタートした頃で、僕のところにもゲラが回ってきたのです。

それで講談社の局長と話をした時、これは二百万部いくと思う、ただし条件というか、パブリシティ次第、それもいかに効果的にパブリシティを打つかにかかっているが、二百万部いくだけの内容は持っていると伝えました。

そして初版の三％はさわや書店で売るから三％分を入れて下さいと頼んだ。初版は二万部だったので、六百冊入れてもらいました。発売の三日前にラジオで紹介したところ最初の三日でそれが売り切れてしまいました。それから一カ月後に全国的にブレイクするに至った。

――講談社がよくそれだけ確保し、出してくれましたね。

伊藤　それは信頼関係があったからでしょう。そういうことばかりずっとやっていましたから。

——似たような話はもっとあるんでしょう。もう少し例を挙げて、聞かせてもらえませんか。

伊藤　数のことをいえば、まず高橋克彦の『炎立つ』（日本放送出版協会）と小沢一郎の『日本改造計画』（講談社）ですね。これはご当地物ということになりますが。『炎立つ』はテレビ化され、高橋克彦は盛岡在住です。直木賞受賞作『緋い記憶』（文藝春秋）は三千冊売りました。だから今度はテレビ化ということで、これは必ずいくと確信し、交渉したところ、初回千五百冊からスタートしました。

小沢も岩手出身ですから、『日本改造計画』も同じく千五百冊からだった。

こういう売り方はベストセラーの先取りではなく、ご当地物＋テレビ化、もしくは知名度、話題性からいって、当然のことだろうと思います。ただ初回にこれだけの部数を確保できたのは、書籍売上において、さわや書店が目ざましい実績を上げていたことに尽きるでしょう。

——それはよくわかります。簡単にそれこそ四ケタの数字を上げられていますが、大手出版社から初回にそれだけの部数を確保するのは並大抵の努力ではないと承知しています。そのことによって、出版社と信頼関係を築くことができたので、その数を確保できたのでしょう。

あとは大手出版社ではなく、中小出版社ではどうですか。

伊藤　太田出版の百田尚樹の『永遠の0《ゼロ》』という小説がありました。

――それは知らないな。地元の人ですか。

伊藤　いいえ、まったくちがいます。兵庫に住む人です。やはりラジオで話した。すると一カ月半で、七百冊売れた。太田出版の本がそんなに売れること自体が驚きだった。こんなに効くのかというぐらい、お客さんが押し寄せてきて、対応もできず、結局は宅急便で送って下さいという人もいた。だからこれも四ケタを楽々と突破してしまった。自分の店だけでなく、他の店やアマゾンのデータを見せてもらったら、やはり同じように売れていた。たった一回の放送だったんだけど、反響はすごかったですね。

――ラジオには何か秘訣、もしくはコツがあるんですか。

伊藤　最初これだけは言っておこうと構えたりして、原稿を書いていったりするのは駄目ですね。それで何度か失敗しました。

アナウンサーがいますので、突っ込んでくるわけです。それで原稿に書いた以外のことをいわれると、いきなり言葉が止まってしまう。だから事前に用意するのは、読んだ印象と固有名詞のメモ程度にして、どんな質問に対しても柔軟に答えられるようにリラックスした姿勢で、対応することにしました。これが秘訣、もしくはコツですかね。

公開でやるようになって、よく言われました。「本しかないの」とか「原稿もないの」と。でも原稿があると、かえってそれにとらわれてしまいうまく話せないし、ないほうが逆によく伝わるような気がします。ラジオを十何年間やりましたので、それだけはわかりました。

――ラジオに出るきっかけはどのようなことからだったんでしょうか。

伊藤 それはラジオのディレクターがぼくのところにきて、本を紹介する番組を企画しているので、やってくれないかというオファーが出されたからです。最初一人で毎週はちょっときついなと思いました。

――少なくとも、それまで以上に本を読まなければなりませんからね。

伊藤 そうなんです。

その時には書くほうもいっぱい抱えていたので、一人ではちょっと無理かなと思った。そこで三店舗に声をかけた。もし加わってくれるのであれば、四人だから月一回になる。とりあえずＯＫしてくれたので、やり始めたところ、一人ずつ欠けていって、最終的に僕一人が引き受けることになってしまった。それでもその時にはもう慣れていました。それから『永遠の0《ゼロ》』には後日談があるので、忘れないうち付け加えておきます。この文庫の版権を講談社がとり、十一月末現在七十万部までいっています。これは僕というよりもラジオの威力があってのことだったと思います。

――そういうラジオの威力が効く地域と効かない地域の差というものはあるのかしら。

伊藤 それは本に対するラジオ局の熱意と取り組み方の差じゃないかな。

45 伊藤ファンと読者

――売れるというのはおそらく書店と同様に、ある程度ラジオにもファンがつき、伊藤さんが推薦するのであれば、買ってみようと考える人たちがたくさんいたということなんでしょうね。

伊藤 それはそうだと思います。

――やっぱりそうでしょう。ラジオで一、二回話したところで、その本が売れるということじゃない。ある程度そのようなファンがいないと、三ケタ以上の売れ行きはなかなか難しい。それも伊藤さんがいうなら、買ってみようというファンが。

伊藤　確かにいましたね。

――　だから伊藤さんは真の意味でのカリスマ書店員だったんですよ。書店とラジオで本の売れ行きを司るカリスマだった。

これは事実かどうか確認したことはないけれど、埴谷雄高や吉本隆明が帯を書けば、百部は売れるとか言われていた時代があった。

伊藤　今ではそれは考えられない。だからこそ僕などがポップを書くようになったのですが。

――　それからこれも論創社の話ですが、NHKのBSブックレビューに今まで五冊出たけれども、ほとんど売れ行きに関係なかったそうです。

私のところの本でも、テレビで著者一時間の特集が組まれ、その本をテーマにした特集だったけれど、電話注文は一冊もこなかった。ローカルな民俗学の地味な本で、もちろん本にもよるのでしょうけれども。

伊藤　ラジオで詩集もやったことがありますよ。茨木のり子が筑摩書房から出した時に。

——それは『倚りかからず』ですか。

伊藤　そうです。この詩集をすぐに紹介しようと思い、筑摩書房に交渉し、了解をとろうとした。ところが渋ったんですね。何だろうと思っていたら、朝日新聞の「天声人語」に載る予定だったんです。僕はそれを知らなかったから。

——きっと先にやられたくなかったんだ。

伊藤　それでも二百冊は確保した。そうしたら次の日曜日に「天声人語」に出た。筑摩書房から電話がかかってきて、『倚りかからず』の在庫があるのは紀伊國屋書店とさわや書店だけだといってきた。こちらもラジオで紹介したので、放送後の初日に百二十冊売れ、一気に売り切ってしまった。

——詩集は初体験だった。

伊藤　まさか詩集があんなに売れるとは思わなかった。「天声人語」に載る日の前にラジオで紹介したのです。本当にあれは効きました。

——それだけ広範囲に伊藤さんのファンがいることの証明ですね。こうなったら、論創社に言って、初版を三千部にしなくては。

伊藤　ラジオついでにいいますと、ＮＨＫの「ラジオ深夜便」というのも割合効きます。

だからマークしていました。何でこれを買われるのか尋ねると、「ラジオ深夜便」でいっていたということがよくありましたから。

――本を売るメディアとして、ツイッターもネットも、また新聞もテレビも有効ではないけれど、ただラジオだけは有効だということになりましたが、その特徴はどういうものなのでしょうか。

伊藤 テーマや内容によって、効き過ぎることもあるということですかね。

――効き過ぎるということはどのような波紋をもたらすわけですか。

伊藤 やはり生放送ですので、ちょっとでも不適切なことを言ってしまったりすると、途端に苦情が殺到してきて、やられてしまう。

――どんなクレームがきたんですか。

伊藤 あるノンフィクションの本でしたが、それが大企業批判だった。その固有名詞をラジオで言ってしまった。それがまずかったらしく、とんでもないクレームが山のように飛んできた。

――ただ本の内容を紹介しただけなのに。検閲する態度で聞いている人もたくさん存在するわけだ。

46　さわや書店の知名度が上がる

伊藤　ただそういうマイナスはありますけど、僕がラジオに出たことによって、さわや書店の知名度は圧倒的に上がった。これだけは間違いない。

――私たちもそれまで知らなかった。

伊藤　九一年にさわや書店に移った時、この店のことを誰も知らないというか、東京のほうではまったく知られていなかった。それは東北の中でも同様で、よく知られていない無名中の無名だった。

それが数年で、まず東北にさわや書店があるということになり、東北の中でも知られ始め、東京へも伝わり、色んな人が見にきたり、出版社の人たちも多くが訪ねてくるようになった。今考えると、すごい変わりようでした。

それは書店の仕事も死に物狂いでやりましたが、ラジオに出て、自分の店に限らないベストセラーにつながる本の販売促進をしたからだと思います。それでさわや書店も全国的に知られるようになったわけですから。

――　放送時間はどのぐらいだったんですか。

伊藤　最初は十五分でしたが、そのうちに十分ちょっとになりました。本だけではなく、地元のネタに関する雑誌も取り上げ、『サライ』が宮沢賢治特集をやれば、それも紹介する。だから雑誌にも波及効果があった。

そうそう、これも言い忘れていましたが、ラジオではなく、テレビ局絡みの雑誌にも取り組んだことがある。岩手県にはキー局としてフジテレビ系列がなかった。それが初めて岩手にくることになり、それと関連している『ＥＳＳＥ』という雑誌は必ず売れると予測を立てた。

実は店長会議で、僕に反対する者がいた。でも反対勢力がいっぱいいる時のほうが売上が上がりましたね。多くが反対する企画のほうが結果的に必ず当たりましたから。『ＥＳＳＥ』の場合、それまでほとんど入っていなくて、二、三冊、多くても五冊ぐらいだった。みんなが反対したが、それをいきなり二千部発注しました。結局のところ、二週間を待たずに完売となった。キー局ができ、テレビ宣伝もしましたから、そこまで読みこんで注文を出したわけです。

――　伊藤さんの仕掛けた作戦がさわや書店で見事に功を奏した話をずっとうかがって

きたんですが、失敗も当然あったことと思います。そちらももしよければ、少し話してもらえないでしょうか。

47 児童書専門店モモ

伊藤 それはもちろん失敗もあります。ただこれは失敗というよりも、敗北したという思いが強い体験を話しておきます。

隣りのビルにモモという児童書専門店を設けた話はしましたよね。これは九四年のことでした。僕は児童書を担当するのが夢でしたので、それで周りの書店が児童書をないがしろにしているのを見て、これはチャンスかなと思い、モモを立ち上げ、それなりに売上も確保でき、十二年ほどやりました。スタッフ一人一人が猛勉強して作り上げてくれた事に感謝しています。

―― でも児童書専門店というのは難しかったんじゃないですか。

伊藤 結論からいうと、児童書専門店というのは成り立たない。出版社としてはロングセラーばかりだから、重版の比率が高くて儲かるし、それに同時に新刊依存度は低いので、成立する。

——ただそれでもこの分野にもM&Aの波が押し寄せているようで、岩崎書店が大日本印刷グループ傘下に入り、そうえん社がポプラ社の子会社となっている。絵本の至光社はまだやっているのかしら。

伊藤　レオ・レオーニの絵本なんかの至光社ですか。あれはまだ健在だと思います。

——まあ、出版社のほうはともかく、私の知っている児童書専門店は幼稚園に組みこまれるようなかたちで、ようやくサバイバルしている。

幼稚園は女性の職場だから、時としては男手が必要とされる。それでマイクロバスの運転から何から、何でも手伝いにいって、労働力を提供することで、児童書の注文を一括受注している。

それからこれもある程度、児童書の世界を知っていくと、一種の宗教的ニュアンスもあって、信者的な読者が多い。

伊藤　読み聞かせグループとか、灰谷健次郎の読者のことですね。

——佐野眞一が図書館員たちの世界がカルト的だと批判していましたが、図書館と児童書の世界は最もつながっているので、共通しているともいえる。

伊藤　それらの種々の事情も長年やりましたのでよく承知しています。それらよりも僕にとって決定的だったのは児童書が新刊の世界ではないことでした。文庫にしろ文芸書にしろ、書店員の仕事は新刊と既刊本のバランスの調整に尽きるんですが、児童書の場合、新刊の比重が極端に低く、文庫や文芸書のようなやり方が通用しない。

――それはどういうことですか。

伊藤　つまり児童書はまったく新刊ではなく、ロングセラーの世界だと痛感しました。文庫や文芸書でやってきたように、新刊と既刊本のバランスも考え、ガラス棚における絵本の面陳、小出版社の児童書の品揃えなど、考えられる商品の展開は試みてきたつもりです。

でもイオンの郊外ショッピングセンターができ、その中に未来屋書店が出店したことで、モモは大打撃を受けました。それで児童書がコンピュータで売れるロングセラーの世界だと、あらためて認識させられたのです。

ロングセラーの世界ですから、コンピュータ上で、第一位から百位まで出るわけなんです。それを面で、しかも平積みで置けるスペースがあるところが勝つんですね。どんなに内容を把握し、棚つくりをしたとしても、大きさに負けてしまう。

――児童書の質も考慮し、シンデレラ商品のような美しい絵本を揃えることよりも、泥臭く売れるものを前面に、それも大量に平積みしてやっていくのが児童書売場としては正解だし、スーパーの書店が得意とするところですね。

伊藤 それに加えて、広い駐車場を備え、明るくてきれいで広い。やはり子ども連れでいくとしたら、郊外ショッピングセンターの未来屋書店のほうにいってしまう。それで児童書専門店モモは撤退せざるをえなかった。

48 郊外ショッピングセンターと商店街

――ここで郊外ショッピングセンターと駅前商店街のバッティングの問題がモロに出てくる。イオン化する日本の構造問題といってもいいのですが。

これは長くなってしまうので、私の『出版業界の危機と社会構造』（論創社）の第3章を参照してほしいのですが、確かに一九八〇年代は郊外店の時代だった。しかし九〇年代になると、どの業種もオーバーストアになってしまい、飽和状態だった。もう書店も出せる場所はないといわれていた。

だからこれ以上開発して、ショッピングセンターに象徴される超郊外をつくっても、もはや住民の生活の必要上からいって、必然的な理由はなかった。バランスがとれていたとはいいませんが、駅前商店街と郊外消費社会の共存はかろうじて保たれていた。ところがそれを郊外ショッピングセンターは完璧につぶしてしまった。三十万から五十万都市の駅前商店街に匹敵するような郊外ショッピングセンターが出現すれば、どうなるかは火を見るよりも明らかだ。

伊藤　盛岡の商店街は完全にそうです。

――　これは盛岡ばかりでなく、全国の至るところで同じ現象が起きている。浜松などは四つの郊外ショッピングセンターに包囲され、駅前商店街のウィークデーの風景は歩く人も少なく、ゴーストタウンのようになってしまった。

二十一世紀に入って起きたショッピングセンターの出店と駅前商店街の壊滅は大店法が廃止され、大規模小売店舗立地法が施行されてからです。私にいわせれば、これは第二の農地改革のようなもので、すべて日米構造協議やアメリカの「年次改革要望書」によって、推進されている。それは必然的に町つぶしだった。

伊藤　完璧に意図的な町つぶしでしたね。それもアメリカ主導型の。

―― 私はずっと由々しき事態だと思い、『出版業界の危機と社会構造』で、それらのことを書きましたが、陰謀論だなどといわれたこともあります。

しかし伊藤さんは当事者として、駅前商店街と郊外ショッピングセンターの関係というかバッティングの現実を目撃されていますから、それは具体的にどういうものでしたか。もちろん書店に関してだけでいいですから。


伊藤 商店街には書店が三店ありました。坪数からいって、二百五十坪の大書店、百五十坪の中書店、それから二百坪のさわや書店です。

それぞれ帳合はちがうし、主要な客層もちがう。だからこの三店を回れば、探している本は見つかるので、秋田とか遠方からも土日には結構きていた。それがまったくなくなってしまった。それから夜の客が激減した。広大な駐車場と夜間営業の郊外ショッピングセンターの威力がこんなにもすさまじいものであったかと、これも痛感した。

そしてたちまちその二店は閉店に追いこまれ、さわや書店だけが残ってしまった。競合店が立て続けになくなってしまったのは本当に痛かったですね。それまでは三店合計すれば、六百坪の書店だったわけですから、それが二百坪に縮少してしまったことになる。

だからあらためて、競合店と見なしていたが、実は書店共同体を形成し、競いつつも支え合って営業してきたことを思い知らされました。

――それはよくわかりますね。商店街の構造を見ていると、一業種一店だけでは駄目で、何店もあったほうが競争するし、客の側からすれば、比較し、使い分けができる。みんなそうじゃないかな。

私の親しい古本屋もいってましたが、一店だけでは駄目なんで、何店かあることによって、客層も広がり、集客力も備わるので、競合店でもいいから、出てきてほしいと話していました。彼のところは地方で有数の頑張っている古本屋なんですが、やはり同様の町つぶし現象によって、次々に古本屋もなくなっていることに対していっているんです。

伊藤　郊外ショッピングセンターの最大の悪というのはそのような共同体をバラバラにしてしまったことですね。

――それで何が起きたかというと、寺山修司が「書を捨てよ、町へ出よう」といったのは一九六〇年代だったけれど、半世紀たったら、捨てるべき書もなければ、出ていく町もなくなってしまったという現実が出現してしまった。町が書に優る教育の場であったことが寺山の言葉に秘められていたのですが、今や捨てるべき書もなくて、郊外ショッピングセンターにいくだけの現実しか残されていない。

私は郊外論が専門でもあるのですが、東京にいるとこういう現実はわからない。地方にいないと、よく見えてこない。

この二十年間に村社会がなくなり、郊外消費社会になり、それと郊外ショッピングセンターによって、町社会がなくなってしまった。伊藤さんも私も生きてきた日本の生活共同体、それに加えて出版業界という共同体も消えてしまったように思ってしまう。みんなが孤独な群衆になってしまい、なくなってみるとわかるけれど、ソ連邦の解体した後とか、戦争に負けた後の感じはこのようなものではないかという気にもなってしまう。

それはともかく郊外ショッピングセンター出現以前の九〇年代にさわや書店が郊外店を出さなかったことには様々な事情があるわけですか。これだけ知名度が上がれば、出店して当然のように思われますが。

49　岩手県における書店出店事情

伊藤　実は出店要請は県内各地からあったんです。

はっきりいって、九〇年代の盛岡はさわや書店時代と称してもいいくらい、売上は一気に伸び、それが単なる売上の上昇だけでなく、品揃えが面白いという評判も伴っていた。それで盛岡が県庁所在地だったこともあって、各市町村の本好きが訪ねてきて、出店の要望を伝えてきた。

その出店の話は取次も同様で、トーハンもそうでしたけど、様々な物件を持ちこんできた。

――ということは、トーハンも日販もデベロッパーと強いつながりがあり、そちらからの情報を書店側にオファーしてきたと見なせますね。

伊藤　それは間違いないでしょう。僕としては県外まで出ようとは考えていませんでした。でも国道四号線、もしくはＪＲ東北線沿いの市には出店すべきで、一関市、奥州市、北上市、花巻市には一店ずつほしいと思っていた。二百坪くらいでいいから、きちんと商品構成もして押さえておけば、盛岡の売上が伸び悩むようになっても、万全ではないかと。

それで経営者側には進言したのですが、ただ各地の書店組合がまだ強く、「絶対にこちらのエリアには出店するな」という圧力があり、よそに出店したら、盛岡も攻められるのではないかとの危惧もあったようで、結局本格的にやれなかった。

その代わりに市内にいっぱい出店してしまった。

――市内に出しても、ゼロサムゲームで、意味がないでしょう。

伊藤　そうです、それもみんな近場なんです。当然のことですが、それがほとんどコケてしまった。

ところが悔しいことに、さわや書店が断わった日販の物件にある書店が入った。その売上を聞いてショックを受けた。品揃えはひどいんです。それなのにそんなに売っているのかというショックでした。このぐらいの品揃えで、それだけの売上があるのかという事実を突きつけられたわけですから。これは後に郊外ショッピングセンター内の未来屋書店に抱いた思いと同じですが。

――だから二十一世紀に入って、もはや品揃えの時代ではなくなってしまった。

一方では郊外ショッピングセンターに象徴されるイオン化する日本があり、書店業界はTSUTAYA化し、古書業界はブックオフとゲオ化し、本を売ることは脇に置かれ、レンタル、雑誌、コミック、リサイクルが主流となり、そこにはもはや読者は求められず、若年層の均一的な消費者がいるだけだという市場に変貌してしまった。

伊藤　僕の住む一関市も郊外に宮脇書店とTSUTAYAがあり、僕が本に目ざめた老舗の北上書房が駅前にある。

書籍の品揃えは北上書房のほうが圧倒的にいいのに、実際に客が入っているのは郊外の二店です。駐車場があって、広くて明るい。雑誌、コミックがメインで、児童書はベスト100を揃えている。それにTSUTAYAはレンタルもある。

でもこれが書店かというと、本好きや本を知っている人たちにとってはそうではない。だから彼らはアマゾンを利用するか、仙台に出てジュンク堂などにいくことになる。

――つまりかつてはミスマッチだったはずなのに、ミスマッチが現実になってしまった。今の若い人たちは古本屋といえば、ブックオフと思うし、書店といえば、レンタルもやっているTSUTAYAと考えるでしょう。そうすると、私たちが考えている書店業界ではもはやない。

伊藤　それが最大の問題で、しかも十数年で出版物販売金額が八千億円も減少してしまったんですから。

でも普通の書店から育ってきた僕から見れば、TSUTAYAにいってもまったくつまらないし、すぐに出てきてしまう。

それから書店人のツイッターなどをのぞいても、村上春樹一色になってしまっている。僕なんかの場合、書店にいた時、自分の少ないリソースを売れる作家には絶対に使いませんでしたから。だって明らかに売れるに決まっているのに、どうしてわざわざ読まなければならないのかということになる。

50　流行と不易

――そうですよ、どこでもベストセラーになるとわかっているものを積んだって、何が面白いのかということですし。売るのと売れるものはまったくちがうものですから。

伊藤　ところが今やそうじゃないんだとわかる。書店全体が売れるものだけに集中してしまっている。それは出版社もそうですが。こちらとしては、それはおかしいだろうと思うしかない。まあ、僕なんか自分の考えが古いなとも考えたりしますが。

――いや、そうではないでしょう。今の状況が異常なんです。

今泉さんも「流行と不易」の双方を絶えず視野に入れ、そのバランスを考えた上での棚づくりをいっていましたが、その原則は変わっていないはずです。だから「流行」だけ追いかけ、「不易」がないがしろにされている現在のほうがおかしい。もちろん「不易」は児童書のベストセラーだけを意味しているのではありません。

伊藤　「不易」でもないのに「不易」をよそおっている夏の文庫フェアなんかも、僕はいやでしたね。どうして全国均一のフェアをしなければならないのかと。

ただ、文庫フェアにも学ぶ点はあって、自分ではけっして積まない本が売りきれたりするのです。ですから、データをとって、それを店のロングセラーに育てればフェアを役立たせることができます。

――書店に選択権を与えない典型的なフェアですけど、そういう見方もできるのですね。

伊藤　文庫フェアも流通の硬直化だと思うけれど、年末年始商品の手帳や日記の送りつけがどんどん早くなっている。八月末にくるようになった。僕は「ふざけるな、八月末に日記を並べても売れるわけがないだろう」と喧嘩腰でいったことがある。

一体いつ売れるのかを一度ちゃんと調べました。そのデータを見ると、十二月十五日から一月十五日の間に八割以上が売れている。手帳はもう少し幅が広いですけど、日記は明らかにそこに集中している。それで僕は十月末に入れてもらうことにした。

――私のいう近代出版流通システムの限界は明らかなのに、何ら改善されないどころか、ますますひどくなった分野もあるということになりますね。

伊藤　講演を頼まれ、全国の書店を歩く機会を得ました。そうすると、九月当初から、平台の一番いいところに、日記と手帳が並んでいる店があるわけです。それで「売上が上がらない」と悩んでいる。そんな馬鹿なことをやっていれば、売上が稼げるわけがない。取次のいいなりにならないで、平積みの検証をするべきだ、この時期から日記や手帳が売れるはずもない。そういうふうに言ったんです。文庫のフェアもそうです。これもチェーン店でしたけれど、文庫フェアの満艦飾で、飾りつけコンクールなんかをやっている。やるのはいいですよ、自由ですから。ところがフェア以外の文庫の平積みはまったくない。担当者は何をやっているんだと、ガックリきました。

――そういうことを書店の未来研究会で話されたんでしょう。

伊藤　しましたよ。

――そうしたら、書店の経営者たちに通じなかったと思いますが。

伊藤　でも一人だけいました。

――そんなもんでしょうね。書店の仕事というのは仕入れも販売も受け身になっている。入荷を待ち、お客を待ち、それが身についているから、流通にも受け身になり、改革はなされないままにきてしまった。

51　仮定と検証

伊藤　二カ月に一度の割合で講演を頼まれ、ついでにその地の書店を見る機会が与えられました。

ある五百坪の大型店は入口のところにとても大きな平台があり、そこに『りぼん』が積んであった。ところが『りぼん』は付録が変なかたちで入っていますから、一列では崩れてしまうので、何列にもなり、平台の大半を占めていた。それは月末でした。ところが『りぼん』は三日が発売日で、それを読者の子どもたちは覚えています。だから平積みしてあっても、前の号の売れ残りになりますから、誰も買うはずがない。だから棚差しに二冊くらい残し、平台から外し、ちがう雑誌を積むべきなのに、一ヶ月積んだままになっている。

結局楽なんでしょうね。これはこの店だけのことではなく、全国の書店も大体同じなんです。これは全国の書店を歩いてみてわかりました。平積みをするということは「仮定」

なのですから、常に検証が必要なのです。

――要するに平台にコロをつけ、動かせばいいのにということになりますね。

伊藤　しかし取次の人たちにしても、書店に出入りする経営コンサルタントたちにしても、こういう店売の現実がまったくわかっていないから、何も指摘できないままにすぎてきてしまった。

――ただここではっきりいっておかなければならないのは、伊藤さんのようにできる社員を雇って面白いかという問題が、経営側に生じることでしょうね。

おそらくさわや書店の場合でも、社長よりも伊藤さんのほうが有名になってしまった。ラジオにもテレビにも出ている。社長にしてみれば、自分のほうがえらいのに、どうしてあいつばかりが脚光を浴びているんだということになる。そこら辺が難しいところじゃないかな。まあ、今泉さんも同様ですが、カリスマ書店員の宿命というものもある。

伊藤　確かに僕はさんざん出ましたから生意気に思われていたんでしょうね。ただささわや書店の基本コンセプトは完全に自分がつくったとの自負もありました。

最初の頃は赤字で資金繰りもよくなかったので、カバーも出版社からただでもらったものばかり使っていた。だから文藝春秋だったり、角川書店だったりして、まったく統一性がなく、包装紙も同様だった。

ところが実はさわや書店オリジナルの包装紙もカバーも倉庫に眠っていたんです。色はよくなかったが、デザインはよかった。そこでこのデザインを生かし、色を白にして使えないかと考え、やはり自社の包装紙とカバーがあれば、宣伝にもなるので、それを提案しました。それはいまだに続いています。

それだけでなく、いくつもの様々な方法論は僕が考え、導入したもので、スリップ管理などもそれなりに引き継がれています。

——でもそこまで到達するにはとても苦労したと思いますが。

52　書店員偏差値

伊藤　前にも言いましたが、最初に移った時は驚きました。いまだに地方書店はこんなことをやっているんだと。しかし僕も山下書店の経験しかありませんので、自分の書店員偏差値というものがまったくわからなかった。
その時にたまたま書店の東北ブロック大会みたいなところに出された。するとみんな自信満々なんで、何もわからないから、すごいなと思いました。

そこで自慢していた書店を見てみようと思い、翌日のぞいてみた。ところがまったくつまらない。あれだけ自慢した店がこの程度かという幻滅だった。

そのこともあって、日販に東北でいい書店を紹介してほしいと頼んだ。それで回ったんですけど、ほとんどというか、わずか一巡しただけで、どこも本のことはわかっていないことがすぐにつかめた。だから自分でつくるしかないと決意するしかなかった。

――書店員のプロになると、その店を一回りしただけで、店の棚づくり、商品構成と常備比率、担当者のモチーフなどがおそろしいほどにわかってしまうんでしょうね。

伊藤　各ジャンルで絶対に置いていなければならない本があるんですよ。それがほとんどない。

そのジャンルの効き目の本があって、それを中心にして他の本が派生し、その著者にまつわる本なども並んでいくようになる。これが棚づくりのセオリーであるのに、その基本ができていないんです。わかっていないなと思い、本当にがっかりしました。

――それもまたこわい世界で、一目見て即座にわかってしまうわけですから。

伊藤　それに自分なりに書店哲学もある。

これは複合型郊外店でしたが、文芸社の血液型の本とケータイ小説が平台の最もいい場所にずらりと並んでいる。よしてくれよ、こんなものを一番前に持ってこないでほしいと思わず言いたくなりました。

僕は絶対に前には持ってこなかった。聞かれたら、しょうがないから出すという程度で、奥のほうに置いておきました。この手のものはどんなに売れているといっても、恥ずかしくて前には出せません。

――でも恥ずかしくて前に出せないものを、しかも血液型占いは科学的に完全に否定されているわけだから、トンデモ本を、売りまくって出版業界はやってきたことになりますね。ということはこの出版業界自体が恥も外聞もない社会になってしまったことをも意味しているのかもしれません。

以前の書店だったら、リピーターの読者をある程度確保して売上の安定をめざしてきた。ところが、今いった血液型とケータイ小説を前面に出してしまえば、すべてが読むかどうかもよくわからず、単品買いだけの消費に終わってしまう。また一過性のものだから、固定客でもないし、他の棚にもつながらず、書店の面で売る部分には何の関係もないということになる。

伊藤　お目当ての本だけをぱっと買って終わり、それだけですからね。

53　棚づくりのセオリー

——この「出版人に聞く」シリーズのコンセプトは書店から始まり、出版社、取次、古本屋にも及んでいくシリーズというものなんですが、続けて刊行することで、点が線になり、それが面になっていくことをめざしています。このような点から線へ、そして面という試みも棚づくりに似ているような気もしますが。

伊藤　確かにそれが棚づくりのセオリーだと思いますが、僕の場合もうひとつ骨身にしみていることがあります。それは小さな店で書店員を始めたので、どの本を置くというよりも、どの本を削るかという視点が欠かせません。限られた棚での勝負というのが特徴になってしまっている。

だからジュンク堂のコンセプトとはまったくちがうんですね。書店の編集の醍醐味は何を削るか、何を削って、その代わりに何をそこに入れるかに尽きるんじゃないかとも思います。

――私もそのことを書店坪数八十坪限界説と称して言ったことがある。きちんとした棚づくりをして、店長がそれなりの手腕を発揮できるのはワンフロアの八十坪が限界ではないかという仮説です。狭くもなく広くもありませんが、本のセレクト技術が最もよく投影され、その店のコンセプトがよく伝わってきます。神田の東京堂や岩波ブックセンターはその範のように見えます。

伊藤　その坪数が一番面白いし、何でもできます。

――ところが今は広くなりすぎてしまって、何でも置けるようになっているから、逆に面白くない。

伊藤　それは削ることによるセレクション技術がまったく発揮されていないので、面白くないのです。

僕は最初のマイシティ店が五十坪、町田店が二十坪、さわや書店の担当フロアは七十六坪で、百坪以上はやったことがありませんから、それは断言していいでしょう。

七十六坪の例を話しますと、そのぐらいの広さだと、削ること、組み合わせることも含めたバランス調整が自在にできます。文芸書のコーナーを設けるにしても、関連があれば、そこに新書でも文庫でも単行本でも組み合わせればいい。

また雑誌の特集に本が掲載されていれば、その隣りにその本を平積みすればいい。それでも動かなければ、すぐに外していく。そうしたフットワークの軽さと動きがスムーズなのがこのくらいの坪数だと思います。

ただ棚卸しのやりにくい店になってしまうのが欠点といえば欠点かもしれません。ひとつのジャンルスペースに、雑誌があり、文庫があり、単行本があり、全部が関連して小宇宙を構成していましたから。

――なるほど、そのような組み合わせのコーナーで、印象に残るものは何だったですか。

伊藤 やっぱり宝塚コーナーと格闘技コーナーですね。それにものすごく売れました。書籍があり、雑誌があり、ＤＶＤに加えてコミックまで組み合わせてありますから、特に格闘技ファンはまとめ買いしていきました。

――確かに格闘技の時代というのもありましたね。それこそ、これはまだプロレスが全盛だった時に情報センター出版局から、村松友視の『私、プロレスの味方です』が出て、どこの書店だか忘れてしまったけど、プロレスの熱狂的ファンがいて、永久平台宣言をしたことがあった。これがプロレス本の始まりかな。

伊藤　それから後にプロレスの終焉があり、色んな格闘技が出てきたんですね。

――でもその格闘技も終わってしまったのか、古本市場にゾッキ本としてかなり出始めている。

伊藤　終わりましたね、完全に。

54　新刊を開ける書店の楽しみ

――最初のところでふれた伊藤さんの書店時代は『本の雑誌』、海外ミステリー、情報センター出版局などの新鮮な動向やブームとパラレルに始まっていた。ところがそれらのトレンドが全部終わってしまい、伊藤さんも書店の現場から離れることになってしまった。これもやはり象徴的なように思われてならない。

よくいわれていたことですが、書店の楽しみは新刊の箱を開けることにある。今日はどんな本が出たのかという期待感でもって、箱を開ける。その頃はそういう楽しみが確実にあったのではないでしょうか。

伊藤　それは本当にありました。

―― 今もそれがあるのかしら、どうなんだろう。

伊藤 それは極めて疑問です。

それと連動するのかわかりませんが、新聞の宣伝、書評というのがまったく効かなくなった。書店員が新刊を開けるのを楽しみにしていたように、読者も新聞広告や書評を見て、これを買いにいこうとか、読んでみようと思っていた時代が急速に終焉したような気がする。

―― それはいつ頃からですか。

伊藤 二〇〇〇年を越してからですね。

―― ということはネット時代とパラレルなのか。

伊藤 新聞広告も書評も効かなくなったけど、それを僕の場合というか、さわや書店の場合、ラジオで支えていたわけですよ。

―― 返品率が上がっていくのも二〇〇〇年に入ってからで、とりわけ雑誌が急上昇し、今では四〇％近くなり、書籍と変わらないようになってしまった。

伊藤 これも大問題です。

かつては二〇％を切っていたのに、倍になってしまいましたから。返品のための運賃が馬鹿にならない。返品率が上がれば上がるほど、出版社もそうですが、書店も儲からなくなる。しかも毎日出るわけですから、チェーン店全体の返品運賃は大変な金額になっているはずです。

――それに雑誌の場合、考えようによっては書籍よりも問題かもしれない。書籍の場合ですと、かつては商品割合が新刊三割、既刊本七割といわれていた。つまり書籍の七割は店の注文によって入荷しているわけで、それらのグロスが四〇%の返品になっている。ところが雑誌の場合、コミック以外は注文はほとんどなく、新刊の送りつけだけで、四〇%近い返品が生じていることになりますから。

伊藤 そういうことなんです。雑誌について、広告収入の減少ばかりいわれているけど、こちらのほうがずっと深刻で、それこそ雑誌も近代出版流通システムの限界のところまできている。

55 「そして誰もいなくなった」書店現場

伊藤 自分のことに引きつけていえば、返品問題についても、書店の現場からセレクトする人間がいなくなってしまったことに大きな要因があると思う。

「そして誰もいなくなった」ではないですけど、かつてはどの店には誰がいるとわかっていましたが、ほとんどいなくなってしまった。本がわかって、なおかつ書店の運営もわかっている人はいつの間にか消えてしまいました。

読者であるお客さんは書店にまだ来ているんです。

しかし今は洪水のように本が出てきていて、垂れ流しのような状態になっている。大型店をつくって、それを全部収めるというのもひとつの選択なのかもしれないけれど、やはりセレクトする人、本と読者の間をつなぐ人、本のことをわかっている人が書店の現場にいることが必要なんです。

そのような書店の力がものすごく落ちていることが出版危機の最大の問題じゃないんでしょうか。

きちんとセレクトでき、お客さんの読書傾向までつかみ、質問にもすぐに応じられる人が書店にいれば、また捨てたものじゃないと思うのですが、本当に書店が疲弊してしまい、そのような人たちがいなくなってしまった。それが今や売上低迷にさらに拍車をかけている。

――その人たちはどこへいってしまったのか。

伊藤　出版業界のどこかに戻ったという話は聞いていないので、完全に辞めてしまったのでしょう。でも時々思いますよ、あれほど本を好み、よく知っていた人たちはどこへいってしまったんだろうと。

――それはリブロの人たちと同じですね。リブロの人たちもいつの間にかいなくなってしまった。行方不明の人も多いようですね。

でも伊藤さんは健在だし、こうして会えて、話を聞けてよかった。

伊藤さんのお話は九〇年代の地方書店の戦いの記録として、とても貴重なものです。この戦いの記録は現在の出版危機の中にあって、そこから脱出するための多くの示唆が含まれていると確信しています。本当に長時間、お話を聞かせていただき、有難うございました。

あとがき

椎名誠氏の小説に『哀愁の町に霧が降るのだ』という自伝的作品がある。貧乏な若者たちのボロアパートでの共同生活が描かれており、それぞれが進路を見出し、アパートから巣立って行くまでのことが綴られている。

また、永島慎二氏には『若者たち』というマンガ家を目指す青春群像を描いた作品がある。学生運動華やかなりし頃、熱情を抱きながら、まだ十分には市民権を得てはいないマンガに賭けて、全国から集まった若者たち。共同生活をしたり、近くに集まって住んでは、互いに切磋琢磨しあい、悩み、苦しみ、議論にふけり、酒に溺れ、挫折を味わう。青いなりに人生に立ち向かう若者たちの姿を真摯にとらえて表現したマンガだった。

かくいう僕自身の二十代前半も、同じような生活をしていたことを憶い出す。政治の季節が終焉を迎えつつあった一九七〇年代後半の時代状況の中で〝自分探し〟をしたのではなく、ただ迷っていたということなのだが。……

その頃の仲間は、日本画を描く者、油絵を描く者、作曲家を志す奴、劇団に所属し芝居に夢中になっている奴等、芸術方面を指向する連中が多かった。

類は友を呼ぶだったのかもしれないが、一軒のボロアパートがすべてそういう若者たちで占められるようになったのだ。次第に感化され僕自身も様々なことにチャレンジするようになった。

本の世界に耽溺していれば幸せだった生活から、一気にいろんな世界に引き込まれる契機になったのだ。絵画、映画、演劇、音楽、写真、料理、スポーツ、登山等。浅くではあったが、この時の経験が後の書店員生活を支える礎となったように思う。

様々なフェアやコーナー作りに役立っただけでなく、お客様との会話に広がりを持ち得たことが嬉しい。

さて、自分には小さな書店での経験しかなく、その経験則で語れることは僅かしかないことを承知の上で、若干本文を補正しておく。

その店のポテンシャルを最大限に引き出すことだけを常に念頭に置いて働いてきた。そのためのポップ（ＰＯＰ）戦略であり、雑誌の時間差攻撃であった。文庫のオセロ方式平台フェアという究極の手もあるにはあるが。

考え得る限り、様々な事を試みてはきたが、最も迂遠に見える道が、実は最短な道だったという真実に行き着く。

それは、本を読んで内容を知るということ、これに尽きると思う。

本が好きなお客様は、ただ本を求めに来るだけでなく、自分が読んだ本の感想なりを話したくて来店することもある。そこで相槌を打てるかどうかといったことは、常連さんを作る可能性の芽を育てることにもつながると思う。

それが書店の接客であり、条件反射的に大きな声で挨拶用語を唱えることではない。

大きな店が増えたが、心が弾ずまない。捜せば目的の本が見つかることもあるが詰まらない。

これは自分の感性が鈍ってしまったのだろうと思っていたら、凄い図書館に出会ってしまった。今年の夏の事である。

福島県の南相馬市立中央図書館がそれである。一冊一冊の本が生きているし、棚のジャンル融合などは見事と言うしかない。流れも完璧に近いものがある。

昔の凄い書店というのは、こうだったよなと教えられた。ここの図書館の佇まいには勇気と元気をいただいた。本の周辺に棲む人々は一度は訪れてみた方が良い。

最後に、支離滅裂な話をまとめていただいた小田光雄氏と、地方の一書店員の話を本にする勇気を持つ森下紀夫氏に感謝を申し上げます。

二〇一〇年十二月

伊藤　清彦

伊藤 清彦（いとう・きよひこ）
1954年、岩手県一関市生まれ。1982年、山下書店本店にパートで入社、87年、本店副店長（社員）、89年、町田店店長、91年3月、山下書店退職。91年7月、さわや書店入社、92年1月、さわや書店本店店長。2008年10月、さわや書店退職。

盛岡さわや書店奮戦記——出版人に聞く 2

2011年2月15日　初版第1刷印刷
2011年2月20日　初版第1刷発行

著　者　伊藤清彦
発行者　森下紀夫
発行所　論 創 社
東京都千代田区神田神保町 2-23　北井ビル
tel. 03（3264）5254　fax. 03（3264）5232　web. http://www.ronso.co.jp/
振替口座　00160-1-155266
インタビュー・構成／小田光雄　装幀／宗利淳一
印刷・製本／中央精版印刷　組版／フレックスアート
ISBN978-4-8460-0885-7